台湾地区外贸格局的演变

从美国转移到祖国大陆

何柳 著

九州出版社 JIUZHOUPRESS | 全国百佳图书出版单位

图书在版编目（CIP）数据

台湾地区外贸格局的演变：从美国转移到祖国大陆 /
何柳著. -- 北京：九州出版社，2019.9
ISBN 978-7-5108-8300-2

Ⅰ. ①我… Ⅱ. ①何… Ⅲ. ①地方贸易－对外贸易－
贸易史－台湾－现代 Ⅳ. ①F752.97

中国版本图书馆CIP数据核字(2019)第203119号

台湾地区外贸格局的演变：从美国转移到祖国大陆

作　　者	何　柳　著
出版发行	九州出版社
地　　址	北京市西城区阜外大街甲 35 号（100037）
发行电话	(010)68992190/3/5/6
网　　址	www.jiuzhoupress.com
电子信箱	jiuzhou@jiuzhoupress.com
印　　刷	北京捷迅佳彩印刷有限公司
开　　本	710 毫米 ×1000 毫米　16 开
印　　张	10.5
字　　数	170 千字
版　　次	2020 年 9 月第 1 版
印　　次	2021 年 2 月第 2 次印刷
书　　号	ISBN 978-7-5108-8300-2
定　　价	56.00 元

目 录

前　言

一、选题意义

自中国改革开放以来，海峡两岸经贸发展迅速并且日益扩大。1992 年，祖国大陆取代美国成为台湾地区最大的贸易顺差来源地。2002 年，台湾地区对祖国大陆出口 295 亿美元，占台湾地区出口总量的 25.3%，超过占台湾地区出口总量 20.5% 的美国，祖国大陆取代美国成为台湾地区最大的出口市场。2003 年起，祖国大陆成为台湾地区最大的贸易伙伴。随着台湾地区对祖国大陆出口依存度持续升高，而对美国出口依存度逐渐降低，祖国大陆取代美国成为台湾地区最大的贸易伙伴、最大的出口市场和最大的贸易顺差来源地。台湾地区主要外贸市场[①] 的重大转移，改变了台湾地区的经济过去长期且高度依赖美国市场的局面。

本书针对这一现象，分析 1979—2018 年间，在台湾地区主要外贸市场从美国转移到祖国大陆的这一历史进程中，祖国大陆对台政策、美国对台经贸政策、台湾地区内部环境、国际经济环境四个方面的影响因素。整体来看，本书具有以下几个方面的重要意义：

首先，以往的相关研究或只探讨台湾地区与美国的贸易关系，或只探讨台湾地区与祖国大陆的贸易关系，既没有将两者联系起来考察台湾地区对外贸易主要对象变化的过程，也没有全面考察台湾地区主要外贸市场从美国转移到祖国大陆的原因。因此，本书作为已有研究的一个重要补充和扩展，具有一定的学术价值。

---

① 　本书中的台湾地区"外贸"特指对祖国大陆的贸易及对国外（如美国）的贸易。

其次，本书的现实意义主要有以下三点。第一，对国家的和平统一大业具有重大意义。纵观世界历史，经济关系在民族国家的重新统一过程中发挥着至关重要的作用。以 19 世纪中叶，德国和意大利的统一为例。1834 年建立的德意志关税同盟，以自由贸易为纽带将分裂的各部分联结起来，使各地区之间通过相互贸易重建了统一的民族市场，最终，德国在市场制度统一的基础上实现了政治制度的统一。而意大利的统一，走的也是经济先行于政治的道路。在工业革命浪潮的冲击下，各分裂邦国之间首先是透过贸易关系建立了经济关系，其次是重建了统一的民族市场，再次是分裂的各部分形成了共同的经济生活，而共同的经济生活最终结束了意大利的分裂局面。由此观之，经济关系是"重建统一的民族市场不可或缺的一个重要步骤；经济关系的发展可以扩大主张统一的阵营、增强拥护统一的力量；经济关系的发展能够促进政治关系的密切和民族认同感的增强，进而有利于遏制内部分离势力和抗衡外部的干涉势力"。[①]正是由于经济关系，尤其是贸易关系的建立和发展是国家重新统一的重要步骤，所以本书关于海峡两岸经贸往来和经济融合的探讨对未来两岸实现政治上的统一具有重大的现实意义。此外，自 20 世纪 50 年代以来，美国在经济、军事、政治等方面给予台湾地区大量援助和支持，导致台湾地区的对外贸易严重依赖美国市场，并且在很大程度上，台湾地区对美国贸易额的多少直接影响到台湾地区经济增长率的升降。但随着台湾地区的主要外贸市场从美国转移到祖国大陆，美国出口市场的重要性不断下降，而祖国大陆市场的重要性则逐渐增长。在此情况下，分析台湾地区主要外贸市场变化的过程和原因对于解决"台湾问题"也具有一定的现实意义。

第二，祖国大陆在 20 世纪 70 年代末确立改革开放为基本国策，其中，对台大政方针和经贸政策是改革开放政策的重要组成部分。近 40 年来，祖国大陆制订并调整了一系列对台大政方针及经济政策。在这些政策的影响下和民间社会舆论的推动下，台湾当局逐步修正和放宽了对祖国大陆的经贸政策，民间企业也开始积极奔赴祖国大陆投资办厂。因此，以改革开放 40 年来的对台经贸政

---

① 张德明：《论经济关系在民族国家统一中的作用》，《武汉大学学报（人文科学版）》2007年第 2 期，第 224 页。

策为研究对象，考察其对台湾地区主要外贸市场变化的影响，对于检视 40 年来的改革开放政策的重大作用，继续深化改革、扩大开放，推动改革开放事业的稳定、持续发展具有重要意义。

第三，近年来，随着台湾地区外贸主要市场从美国逐渐转向祖国大陆，两岸经贸往来日益成为影响台湾地区外贸和经济发展的重要因素。"两岸贸易往来的加速发展使两岸贸易对台湾地区总体外贸举足轻重，进而对台湾地区经济增长起决定性的作用"。[①] 过去的 40 年间，两岸经济关系是台湾地区进行经济转型与产业升级的重要凭借，也是当前帮助台湾地区走出经济困境的重要因素。有鉴于此，本书对近 40 年来的两岸贸易往来的回顾、梳理和考察，也具有一定的现实价值。

二、国内外研究现状

（一）关于两岸经贸关系的研究

1. 国内学者的研究

（1）台湾地区学者的研究

两岸学术界讨论两岸经贸关系的论文与专著，不胜枚举。改革开放之初，台湾地区学者对两岸经贸往来的讨论，多侧重于将两岸对外贸易定位为竞争和对立的关系，通过对台湾地区与祖国大陆对外贸易实绩的综合性比较和各自政策的分别考察，宣扬"台湾地区经验"。如郑竹园的《台湾与大陆对外贸易的比较》[②]。20 世纪 80 年代末至 90 年代初，随着两岸经贸关系的日渐密切，岛内学者关注的焦点转向探究两岸经贸关系升温对于台湾地区经济的影响，进而对两岸贸易政策提出建言，呼吁以前瞻性的思维方式对待两岸经贸往来。其中，较具代表性的成果主要有：高希均、李诚、林祖嘉合著的《台湾突破——两岸经贸追踪》[③]，主要结合产、官、学各方对两岸经贸关系的评估，讨论台商在大陆

---

①　邓利娟：《大陆成为台湾经济发展的重要动力》，《两岸关系》2004 年 2 月，第 17 页。

②　郑竹园：《台湾与大陆对外贸易的比较》，载氏著：《台湾海峡两岸的经济发展》，（台北）联经出版事业股份有限公司，1983。

③　高希均、李诚、林祖嘉：《台湾突破——两岸经贸追踪》，（台北）天下文化出版股份有限公司，1992。

投资营运实况。由于书中汇集了官员、企业界、民意代表和学者的看法和意见，故可以窥见 20 世纪 90 年代初期，岛内各界对于两岸经贸的看法、共识和具体意见等。林昱君的《台湾对外与对大陆的产业内贸易比较研究》①，则讨论了两岸贸易、投资热潮掀起之后，两岸产业内贸易情况及 1979—1991 年间两岸产业内贸易数据。李国鼎的《台湾发展成功背后的政策演变》②，第八章首先梳理了 1979—1995 年间两岸贸易和经济关系演变的三个阶段，认为祖国大陆经济改革和台湾地区结构性经济调整是这一时期两岸经贸联系提升的原因；其次分析了两岸经贸联系的三个特征：快速扩大的贸易互赖、贸易的不平衡、持续深化的经贸联系；最后概述祖国大陆对台湾地区贸易及经济政策和台湾地区对祖国大陆的经贸政策。20 世纪 90 年代中后期至 21 世纪初期，两岸贸易和经济相互依赖程度日益加深，海峡两岸经济融合通过贸易和投资的方式持续深化。2001 年，祖国大陆和台湾地区先后加入世界贸易组织。这一具有重要意义的历史性事件对于两岸的经济关系、祖国大陆涉台经贸立法和台商投资祖国大陆等方面都产生了重大影响。台湾地区学者有关两岸经贸的论文和专著的侧重点也有些微的变化。较具代表性的成果有：童振源的《全球化下的两岸经济关系》③，第二章《两岸经济关系的演变与全球经济互赖》探讨了 1979—2000 年间，两岸的贸易关系（进出口额、进出口商品结构）；两岸贸易依赖及经济依赖；两岸在产品层面、企业层面和生产层面的经济分工。鉴于两岸的经济分工是以全球商品链与全球生产网络为基础的广泛全球经济整合之一环，该书还将两岸的经济分工放在全球商品链的背景下进行考察，并以台湾地区电子与资讯产业为个案加以分析说明。

（2）祖国大陆学者的研究

自制定"和平统一，一国两制"的对台政策后，祖国大陆相继出版了一系列阐述两岸关系的书籍，但大多偏重政治关系，对于两岸经贸发展的探讨也只

① 林昱君:《台湾对外与对大陆的产业内贸易比较研究》,（台北）财团法人中华经济研究院，1994。
② Kuo-Ting Li, *The Evolution of Policy Behind Taiwan's Development Success* (Singapore: World Scientific Publishing Co. Pte. Ltd., 1995).
③ 童振源:《全球化下的两岸经济关系》,（台北）生智文化事业有限公司，2003。

限于进行历史性的叙述与分析。讨论两岸经贸的文章侧重于回顾改革开放以来各阶段的特点、两岸经贸关系发展内在和外在的原因。如陈福敏的《两岸经贸回顾与展望》[①]。金雪军等合著的《对台经济贸易导论》[②]，主要叙述了1979—90年代初期两岸贸易发展的几个显著特征，并从互补性和竞争性两个方面展望了两岸贸易未来的发展趋势。李非的《海峡两岸经济一体论》[③]，则侧重分析加入WTO对两岸经济关系和台商投资祖国大陆的影响，祖国大陆涉台经贸立法的调整以及对台招商引资的对策等内容。

2. 国外学者的研究

海外的华人学者及国外学者论述两岸贸易往来和贸易关系的论文和专著，较具代表性的有：雷蒙德·J.M.张和张佩珍的《台湾与大陆新兴的经济关系》[④]，主要回顾了20世纪80年代两岸转口贸易的发展情况，并分析了造成两岸转口贸易发展起伏不定的政策、政治环境、商品结构等方面的原因。N.T.王（音）的《台湾与祖国大陆的经济关系》[⑤]，则略述了两岸关系的历史演变，检视了两岸间接贸易和投资的类型与趋势，并且分析了扩大的经贸关系带给两岸各自的受益和风险。林宗标（音）的《台湾海峡两岸之间的经济联系——香港的重要作用》[⑥]，主要论述了20世纪80年代末至90年代初，两岸间接贸易和投资的概况。高长的《台湾和祖国大陆之间的经济依存，1979—1992》[⑦]，主要分析了

---

① 陈福敏：《两岸经贸回顾与展望》，载中国社会科学院台湾研究所编：《转型期的台湾经济与社会》，时事出版社，1991。

② 金雪军、杨炳芳、齐巧琳、刘春杰、陈志成：《对台经济贸易导论》，纺织工业出版社，1993。

③ 李非：《海峡两岸经济一体论》，（台北）博扬文化事业有限公司，2003。

④ Raymond J.M. Chang and Pei-chen Chang, "Taiwan's Emerging Economic Relations with the PRC", Denis Fred Simon and Michael Y. M. Kau ed., *Taiwan Beyond the Economic Miracle* (New York: M. E. Sharpe, Inc., 1992), pp. 275–295.

⑤ N. T. Wang, "Taiwan's Economic Relations with Mainland China", N. T. Wang ed., *Taiwan's Enterprises in Global Perspective* (New York: M. E. Sharpe, Inc., 1992), pp. 53–80.

⑥ Tzong-Biau Lin, "Economic Nexus Between The Two Sides of The Taiwan Straits-With Special Emphasis on Hong Kong's Role", Lawrence R. Klein and Chuan-Tao Yu ed., *Economic Development of "ROC" and The Pacific Rim in The 1990s and Beyond* (Singapore: World Scientific Publishing Co. Pte. Ltd., 1994), pp. 213–231.

⑦ Kao Charng, "Economic Interdependence Between Taiwan and Mainland China, 1979–1992", Thomas P. Lyons and Victor Nee ed., *The Economic Transformation of South China: Reform and Development in the Post-Mao Era* (New York: Cornell East Asia Program, 1994), pp. 243–268.

1979—1992 年间两岸间接贸易的特征、本质、商品结构、两岸相互依赖程度和两岸间更深层经济关系的前景，对于更好地理解这一时期的两岸经济交流的现状、问题和前景很有帮助。罗伯特·F. 阿什和郭益耀的《大中华地区内部的经济融合：大陆、香港和台湾之间的贸易和投资流向》①，主要讨论了 1980—1991 年间两岸间接贸易起伏不定的原因、双方向对方进出口占各自全球进出口份额的数据、两岸贸易强度额等问题。米尔顿·D. 叶的《与虎谋皮——台湾处理两岸经济事务的方法》②，主要探讨了 1990—1994 年间台湾地区对两岸贸易、投资的规定和相关政策。奇·斯凯维（音）的《台湾在东亚地区的经济角色》③，第五章回顾了 1979—1994 年间两岸间接贸易和间接投资的情况。J.W. 惠勒的《台湾和大陆：经济互动能否消除冲突？》④，试图通过论述 20 世纪 90 年代两岸贸易、投资、旅游等经济关系发展的主要方面，呈现对于两岸各自来说，逐渐扩大的经济互赖的成本和受益，并由此推测经济互赖是否能消弭政治的冲突。盛立军（音）的《大陆和台湾：陈水扁时代的两岸关系》⑤，则回顾了 20 世纪 90 年代，尤其是 90 年代末期两岸贸易与投资的概况，分析了台湾地区资金持续流向祖国大陆的因素、政党轮替前夕台湾地区经济表现糟糕的原因和陈水扁上台后采取的经济政策和祖国大陆的反应。良·H. 刘（音）的《台湾和大陆经济关系的政治经济学分析》⑥，为二十世纪八九十年代的两岸经济关系研究提供了一个政治

① Robert F. Ash and Y. Y. Kueh, "Economic Integration within Greater China: Trade and Investment Flows Between Mainland, Hong Kong and Taiwan", David Shambaugh, ed., *Greater China: The Next Superpower?* (New York: Oxford University Press Inc., 1995), pp. 63–73.

② Milton D. Yeh, "Ask a Tiger for Its Hide? Taiwan's Approaches to Economic Transactions across the Strait", Jane Khanna ed., *Southern China, Hong Kong, and Taiwan Evolution of a Subregional Economy* (Washington, D. C.: The Center for Strategic and International Studies, 1995), pp. 61–70.

③ Chi Schive, *Taiwan's Economic Role in East Asia* (Washington, D.C.: The Center for Strategic and International Studies, 1995).

④ J.W. Wheeler, "Taiwan and the Mainland: Can Economic Interaction Mute the Conflict?", J.W. Wheeler ed., *Chinese Divide: Evolving Relations Between Taiwan and Mainland* (Indianapolis: Hudson Institute, 1996), pp. 81–95.

⑤ Sheng, Lijun, *China and Taiwan: Cross-Strait Relations Under Chen Shui-bian* (Singapore: Institute of Southeast Asian Studies, 2002).

⑥ Leong H. Liew, "A Political Economy Analysis of Taiwan-Mainland Economic Relations", C. L. Chiou, Leong H. Liew ed., *Uncertain Future: Taiwan-Hong Kong-Mainland relations after Hong Kong's return to Chinese sovereignty* (Aldershot: Ashgate Publishing Ltd, 2000), pp. 150–178.

经济学的分析案例。该文在概述两岸贸易和投资的现状，检视香港作为第三地在两岸经济关系中的作用后，探讨了两岸更深的经济融合和随后的相互依赖对各自的政治意涵。陈伯钦和张清溪的《台湾和大陆之间的经济合作与竞争》①，主要检视了两岸贸易关系及其调整对于台湾地区的影响，台湾地区对祖国大陆投资增长的原因和影响，并思考了两岸未来的贸易、投资的发展趋势。陈丽瑛的《东亚经济融合趋势下的两岸经济和政治互动》②，主要探讨了台湾地区在一个经济日益紧密融合的东亚地区可能扮演的角色，其中涉及两岸经济互动、台湾地区对祖国大陆的经贸政策和台湾地区对祖国大陆的投资等内容。爱德华·S.斯坦菲尔德的《海峡两岸的融合和产业追赶：台湾奇迹对于日益强大的大陆来说有多么脆弱？》③，主要涉及1992—2002年间台商投资祖国大陆的产业、地域和台资企业在祖国大陆的经营概况等。约翰·Q.田（音）的《台湾海峡两岸的政府、商业、相互依赖与竞争的政治学》④，则主要从两岸官方战略互动、官方与民间社会的关系、通过商业网络的经济互动三个方面解释了海峡两岸持续深化的经济融合、互相依赖和升级的政治冲突之间看似矛盾的发展关系。其中，第三章分别讨论和分析了两岸的贸易关系、台商投资祖国大陆与祖国大陆吸引台商投资的政策、台湾地区经济环境的变化、台商投资流向的分析和台湾地区在祖国大陆投资的模式；第四章和第五章还涉及台湾地区中小企业在祖国大陆的投资现状及其在两岸经济互动中发挥的作用。朱利安·张，斯蒂文·M.戈尔德斯坦的

---

① Pochin Chen and Ching-Hsi Chang, "Economic Co-operation and Competition between Taiwan and Mainland", C. L. Chiou, Leong H. Liew ed., *Uncertain Future: Taiwan-Hong Kong-Mainland relations after Hong Kong's return to Chinese sovereignty* (Aldershot: Ashgate Publishing Ltd, 2000), pp. 179–202.

② Lee-in Chen Chiu, *Economic and Political Interaction across the Taiwan Strait Facing the Trend of Economic Integration in East Asia* (Seoul: Korea Institute For International Economic Policy, 2004).

③ Edward S. Steinfeld, "Cross-Straits Integration and Industrial Catch-up: How Vulnerable Is the Taiwan Miracle to an Ascendant Mainland?", Suzanne Berger and Richard K. Lester ed., *Global Taiwan: Building Competitive Strengths in A New International Economy* (New York: M.E. Sharpe, Inc., 2005), pp. 228–279.

④ John Q. Tian, *Government, Business, and the Politics of Interdependence and Conflict across the Taiwan Strait* (New York: Palgrave Macmillan, 2006).

《经济改革和两岸关系：WTO 中的台湾和大陆》[①]，主要讨论加入 WTO 对于两岸各自的电子业、金融业、农业等产业的影响，以及对两岸经济关系的影响。

尽管两岸学者均认识到，两岸经贸往来是与祖国大陆的改革开放密切相关的，却很少有学者从祖国大陆 40 年来的改革开放政策对台湾地区对外贸易关系的影响这一角度进行全面深入的探讨。就笔者所接触到的研究成果而言，仅有三篇文章在这一方面做了有价值的探索。其中，张荣丰的《中国大陆经济改革与两岸经济交流之关系》[②]，主要讨论了祖国大陆的对外开放和经济改革与两岸经济交流之间的关系，并认为祖国大陆经济改革的层次和阶段的变化直接影响到台湾地区对祖国大陆出口商品的结构。该文还以祖国大陆的经济改革为研究主体，将不同阶段的改革重点与相应时期的两岸贸易相联系，分析两者之间的互动关系及其原因。这一研究角度和思路颇为新颖，但遗憾的是，该文只是对二者的关系做初步探讨，并且就经贸谈经贸，没有关于政策方面的研究。韩清海的《台湾经济的变局与海峡两岸经济互动关系》[③]，旨在分析两岸经贸关系互动的深层原因，先是分析了 20 世纪 80 年代以来台湾地区经济局势的变化，然后考察了两岸经济贸易发展的表现和意义，最后讨论了两岸经贸合作的未来发展趋势和面临的挑战。该文得出的结论是，"海峡两岸经济关系开始有了松动，松动的原因主要来自大陆的对外开放政策"。修春萍在《海峡两岸经贸发展的动因、障碍及应有的取向》[④]一文中明确提出，"两岸经贸往来由完全停顿发展到日益密切，政治是影响两岸经贸的最重要因素"，即两岸各自对一些政策的修改和调整是促使两岸经贸关系转变的主要动因之一。该文还将 20 世纪 70 年代末至80 年代末的两岸经贸发展分为两个阶段，并指出经贸关系发展的脉络恰好与双方的政策调整同步。该文开创了从政治及政策角度来考量两岸经贸关系的先河，

[①]　Julian Chang, Steven M. Goldstein, ed., *Economic Reform and Cross-Strait Relations: Taiwan and China in the WTO* (Singapore: World Scientific Publishing Co. Pte. Ltd., 2007).

[②]　张荣丰：《中国大陆经济改革与两岸经济交流之关系》，载廖光生编著：《两岸经贸互动的隐忧与生机》，香港中文大学香港亚太研究所，1995。

[③]　韩清海：《台湾经济的变局与海峡两岸经济互动关系》，E.K.Y. Chen, Jack F. Williams and Joseph Wong, *Taiwan Economy, Society And History* (Hong Kong: Centre of Asia Studies, Univ. of Hong Kong, 1991).

[④]　修春萍：《海峡两岸经贸发展的动因、障碍及应有的取向》，载中国社会科学院台湾研究所编：《转型期的台湾经济与社会》，时事出版社，1991。

对于进一步的探讨具有重要的启发作用，但遗憾的是，它仅仅讨论了1978—1989年的两岸经贸发展情况，而没有细致分析近40年间大陆对台政策的内容、调整及影响。

（二）对台湾地区外贸的研究

1. 国内学者的研究

国内学者专门讨论台湾地区的对外贸易问题或在论述台湾地区经济时涉及台湾地区的对外贸易问题的论文和专著主要有：于宗先、孙震的《台湾对外贸易论文集》[①]，涉及制度、政策、国际收支、美援、外汇、就业、经济发展与进出口数量的决定等方面，涵盖了1958—1973年间台湾地区在外汇与贸易方面所有重要的问题。于宗先、薛琦的《台湾对外贸易发展论文集》[②]，是继《台湾对外贸易论文集》之后，探讨台湾地区对外贸易问题的另一本力作，涉及1976—1990年间台湾地区对外贸易的诸多重要问题。周𫘧等合著的《台湾经济》[③]、金雪军等合著的《对台经济贸易导论》[④]，则分别对20世纪50年代初期至70年代末期、50年代初期至90年代初期台湾地区外贸发展的主要情况、外贸政策、对外贸易在台湾地区生产总值中的地位、进出口贸易结构及变化、主要的进出口贸易地区等进行了较为系统的概述。林钟雄的《台湾经济经验一百年》[⑤]，第三篇从长时段历史的角度考察台湾地区的对外贸易进展，将1895—1995年间的台湾地区对外贸易发展粗略地分为五个阶段并一一加以剖析：第一阶段是日据时代初期，日本完成了全台主要铁路和公路的建设，使台湾地区内部形成一个较完整而健全市场之前的对外贸易；第二阶段是为配合日本帝国经济需求而产生的依附日本经济的对外贸易；第三阶段是1940—1960年间，台湾地区经济重建困难的黑暗时期的对外贸易；第四阶段始于1960年前后，加工出口经济蓬勃发展的对外贸易；第五阶段是1987年起，台湾地区年年对外投资金额大于外资赴台投资金

① 于宗先、孙震：《台湾对外贸易论文集》，（台北）联经出版事业股份有限公司，1975。
② 于宗先、薛琦：《台湾对外贸易发展论文集》，（台北）联经出版事业股份有限公司，1994。
③ 周𫘧、齐欣、魏大业：《台湾经济》，中国财政经济出版社，1980。
④ 金雪军、杨炳芳、齐巧琳、刘春杰、陈志成：《对台经济贸易导论》，纺织工业出版社，1993。
⑤ 林钟雄：《台湾经济经验一百年》，（台北）三通图书股份有限公司，1995。

额的对外投资型的贸易阶段。这样长时段、大视野的考察，有助于窥见台湾地区贸易发展的全貌。

2. 国外学者的研究

国外学者探讨台湾地区外贸问题的论文和专著可以分为两大类：对于台湾地区对外贸易情况的讨论和对台湾地区官方对外贸易政策的讨论。其中，专门讨论台湾地区对外贸易情况的成果有：约翰·王（音）的《亚洲经济手册》①，是在世界经济环境下对于区域经济的综览，其对于台湾地区经济的考察主要包含1980—1984 年间的人口、政策、经济表现与结构、能源、生活标准和对外贸易，提供了有关商品出口（1981—1985 年）、商品进口（1981—1985 年）、贸易平衡（1981—1985 年）、出口种类（1984 年）、进口种类（1985 年）、出口地（1985年）、进口国（1985 年）的详细数据和资料。特伦霍姆·J. 格里芬的《台湾：向世界开放》②，第六章专门讨论 1987—1988 年间台湾地区的对外贸易，对这一时期台湾地区的进出口贸易进行了总体性论述，并分别提供了台湾地区与祖国大陆以及与美国、欧共体、其他欧洲国家、日本、发展中国家及东欧社会主义国家等国家和地区之间进出口的特点和详细数据。佩内洛皮·哈特兰·桑伯格的《大陆、台湾、香港和世界贸易体系》③，简述了 20 世纪 60 年代至 80 年代末，对外贸易在台湾地区经济中所扮演的角色以及在此期间台湾地区与其最大的两个贸易对象——美国和日本之间的贸易概况。奇·斯凯维（音）的《台湾在国际劳动力分工中的新兴地位 》④，考察了 20 世纪 80 年代台湾地区内部经济的情况以及对外贸易和投资的概况。詹姆斯·里德尔的《从发展中经济体过渡到成熟经

---

① John Wong, *Asian Economic Handbook* (London: Euromonitor Publications Limited, 1987).

② Trenholme J Griffin, *Taiwan: Opening up to the world* (London: Euromonitor Publications Limited, 1987).

③ Penelope Hartland-Thunberg, *Mainland, Hong Kong, Taiwan and the World Trading System* (Hampshire: Macmillan Professional and Academic ltd, 1990).

④ Chi Schive, "Taiwan's Emerging Position in the International Division of Labor", Denis Fred Simon and Michael Y. M. Kau ed., *Taiwan Beyond the Economic Miracle* (New York: M. E. Sharpe, Inc, 1992), pp. 101–121.

济体过程中的台湾对外贸易》①，主要考察对外贸易在台湾地区从发展经济体到发达经济体的转型过程中所发挥的作用，较详细地探讨了"二战"后至 90 年代初，台湾地区对外贸易的重要性、贸易类型、贸易政策和国际环境以及比较优势等问题。梁国源（音）的《台湾的对外贸易和经济增长》②，讨论了 20 世纪 50 年代到 80 年代，台湾地区对外贸易的主要特征及其取得长足发展的主要因素。基思·马奎尔的《现代台湾的崛起》③，第四章《战后台湾地区经济的发展》中论述了自 1945 年以来的台湾地区经济发展史以及台湾地区的对外贸易情况。鸠山一郎（音）的《太平洋盆地国家的出口导向工业化和它们在全球市场中的地位》④，探讨了太平洋盆地国家和地区，特别是"亚洲四小龙"出口导向工业化（EOI）的类型和进程，分别从宏观和微观角度分析了"亚洲四小龙"在全球市场上的结构性地位，并检视了它们的 EOI 在进程和结果方面的不同之处，描述了它们在 20 世纪 90 年代变化的环境中的新角色。该书作者认为，台湾地区在 20 世纪 90 年代的全球市场上所扮演的角色是"国际化转包商的家园"。奇·斯凯维的《台湾经济是如何开放的？——对外来因素的评价》⑤，则重在讨论 20 世纪 50 年代至 90 年代台湾地区经济发展的战略及政策，其中涉及 40 年间台湾地区贸易发展的情况。麦朝成和史建盛合著的《1980 年以来台湾的经济成功》⑥，在论述 20 世纪 80 年代以来台湾地区的经济发展时，涉及台湾地区对外贸易的发展情况。彼得·C.Y. 周的《全球经济中的台湾：从农业经济体到高新技术产

---

① James Riedel, "International Trade in Taiwan's Transition from Developing to Mature Economy", Gustav Ranis ed., *Taiwan: From Developing to Mature Economy* (Boulder: Westview Press, 1992), pp. 253–304.

② Kuo-yuan Liang, "Foreign Trade and Economic Growth in Taiwan", Joel D. Aberbach, David Dollar, and Kenneth L. Sokoloff ed., *The Role of The State in Taiwan's Development* (New York: M. E. Sharpe, Inc., 1994), pp. 113–121.

③ Keith Maguire, *The Rise of Modern Taiwan* (Aldershot: Ashgate Publishing Limited, 1998).

④ Ichiro Numazaki, "The Export-Oriented Industrialization of Pacific Rim Nations and Their Presence in the Global Market", Eun Mee Kim ed., *The Four Asian Tigers: Economic Development and The Global Political Economy* (San Diego: Academic Press, 1998), pp. 61–89.

⑤ Chi Schive, "How Was Taiwan's Economy Opened Up? The Foreign Factor in Appraisal", Gustav Ranis, Sheng-Cheng Hu, Yun-Peng Chu ed., *The Political Economy of Taiwan's Development into the 21st Century* (Cheltenham: Edward Elgar Publishing Limited, 1999), pp. 31–49.

⑥ Chao-Cheng Mai, Chien-Sheng Shih, *Taiwan's Economic Success Since 1980* (Cheltenham: Edward Elgar Publishing Limited, 2001).

品的输出者》①，论述了台湾地区经济发展的路径、经验和教训，全球化视野中台湾地区经济的过去、现在和未来，台湾地区在世界市场中的角色等。卓慧菀的《台湾对于 GATT/WTO 的申请：多边主义对于一个未被承认的"国家"的意义》②，则重在分析台湾地区加入 GATT 的意义和障碍、成本效益计算、政治方面的可行性等问题，其中回顾了 1945—1990 年间台湾地区经济的发展历程以及各个阶段的贸易体制。雷蒙·H. 迈耶斯和张家林（音）则论述了陈水扁的第一个任期内，台湾地区经济衰退、出口下降、投资环境恶化等概况以及这一时期两岸不断扩大的经济融合。③

论述台湾地区对外贸易政策及发展战略的论文和专著有：单骥的《经济全球化下的技术、投资和贸易：以台湾为例》④，主要讨论台湾当局和私营部门如何调整战略以应对经济全球化带来的挑战，其中涉及台湾当局在国际贸易和对外投资等方面的重要政策。谢莉·W.Y. 郭的《维持公平的高增长之关键要素：台湾经验，1952—1990》⑤，在讨论台湾地区经济发展的成功经验时，提及台湾当局从"进口替代"到"出口扩张"的外向型发展战略。斯蒂文·M. 戈尔德斯坦的《台湾面对 21 世纪：继续"奇迹"》⑥，第二章简述了 20 世纪 50 年代至 90 年代末期台湾地区经济发展的四个阶段、各阶段中台湾当局采取的经济发展战略以及全球经济环境对台湾地区经济发展的影响。克里斯托弗·豪的《台湾经济：

① Peter C. Y. Chow, *Taiwan in the Global Economy: From an Agrarian Economy to an Exporter of High-Tech Products* (Westport: Praeger Publishers, 2002).

② Cho Hui-Wan, *Taiwan's Application to GATT/WTO: Significance of Multilateralism for an Unrecognized State* (Westport: Praeger Publishers, 2002).

③ Ramon H. Myers and Jialin Zhang, *The Struggle across the Taiwan Strait: The Divided China Problem* (Stanford: Hoover Institution Press, 2006).

④ Gee San, "Technology, Investment and Trade under Economic Globalisation: The Case of Taiwan", Organisation For Economic Co-operation and Development ed., *Trade, Investment and Technology in the 1990s* (Paris: Organisation For Economic Co-operation and Development, 1991), pp. 57–95.

⑤ Shirley W. Y. Kuo, "Key Factors for High Growth with Equity-the Taiwan Experience, 1952–1990", Lawrence R. Klein and Chuan-Tao Yu ed., *Economic Development of Taiwan and The Pacific Rim in The 1990s and Beyond* (Singapore: World Scientific Publishing Co. Pte. Ltd., 1994), pp. 1–17.

⑥ Steven M. Goldstein, *Taiwan Faces the Twenty-first Century: Continuing the "Miracle"* (New York: Foreign Policy Association, 1997).

趋向成熟及其变化的"国家"地位的政治经济学》①，回顾了"二战"后台湾地区经济快速发展的表现及原因，并侧重分析了 20 世纪 80 年代台湾地区经济转型期，台湾当局采取的应对及调整措施、台湾地区经济后续发展所面临的障碍等。克里斯托弗·M. 丹特的《新加坡、韩国和台湾地区的对外经济政策》②，第五章全面论述了近 40 年来台湾地区的对外经济政策，具体内容包括台湾地区的发展环境、经济安全目标、经济政策、技术性政策领域等，重点述及 20 世纪 80 年代至 2001 年间台湾当局的对外贸易和对外投资政策。古斯塔夫·拉妮斯的《台湾的成功和脆弱：面向 21 世纪的教训》③，则聚焦于近 50 多年来，台湾地区经济发展经验中的政策体制。

（三）对于美台贸易的研究

1. 美国学者的研究

国外学者，尤其是美国学者讨论美台贸易的专著之所以并不太多，是因为对于美国来说，与台湾地区的贸易在其整体进出口贸易值中所占比重很小。"美国战后国际贸易的重心并不在亚洲，而是在欧洲和美洲——北美和中美。其在亚洲的贸易关系，主要也是在日本"。④ 更为重要的是，美国经济对于对外贸易的依赖程度较小。而对于台湾地区来说，与美国的贸易关系是其最重要的对外贸易关系之一。"二战"后，台湾地区对美国的出口贸易在其总出口贸易额中占有相当重要的地位。同时，台湾地区又是全球最依赖对外贸易的经济体之一。美国学者对美台贸易问题的研究多从美国利益出发，关注三个方面的问题：美台贸易摩擦产生的原因和解决的途径、美台间关于贸易不平衡问题的谈判及其背后的政治经济学的原因、美台之间签署自由贸易协定（FTA）的可行性以及对各自相关产业的影响。研究范围为 20 世纪 80 年代之前的美台贸易的英文论

① 　Christopher Howe, "The Taiwan Economy: The Transition to Maturity and the Political Economy of its Changing International Status", David Shambaugh ed., *Contemporary Taiwan* (Oxford: Clarendon Press, 1998), pp. 127–151.

② 　Christopher M. Dent, *The Foreign Economic Policies of Singapore, South Korea and Taiwan* (Cheltenham: Edward Elgar Publishing Limited, 2002).

③ 　Gustav Ranis, "Taiwan's success and vulnerability: Lessons for the 21st century", Robert Ash and J. Megan Greene ed., *Taiwan in the 21st Century: Aspects and limitations of a development model* (New York: Routledge, Taylor & Francis Group, 2007), pp. 36–53.

④ 　林长华：《战后美台贸易关系发展趋势分析》，《台湾研究集刊》2001 年第 1 期，第 33 页。

著有：罗伯特·J.巴尔的《美国与亚洲和远东的贸易》[①]，主要探讨了 20 世纪 50 年代美国在亚太地区的经济利益、与亚太诸国及地区的贸易情况，有两篇论文与本书相关。其中，C.C.梁（音）的《美国与中国台湾、日本和韩国之间的贸易关系》，讨论了 1951—1957 年间美国与台湾地区、日本和韩国的贸易关系及其原因。该文作者认为：由于"二战"后特殊的政治与经济环境，台日韩对美国进口商品有很高的需求，而对美国的出口水平则相对较低，因此造成相当大的贸易赤字。此外，该文还提供了战后初期，美台贸易的重要数据资料。克莱门特·J.扎布洛茨基的《美国与亚洲贸易的政治气候》，重在说明美国在亚太地区的经济战略和利益，为研究美台贸易初始的缘由提供了背景资料。尼尔·H.雅各布的《美国对台援助》[②]，全面探讨了 1951—1965 年间的美援对于台湾地区经济发展的作用，详细论述了美国对台经济援助的目标、援助项目的性质、援助机构和组织、美援对于台湾地区经济的影响等，对于追溯由美援开启的美台间传统而密切的贸易关系有重要的帮助。乔丹·C.施赖伯的《美国企业的对台投资》[③]，则主要探讨了 1965—1967 年间美台贸易模式，包括美台进出口数额、进出口的主要产品等，从中可以窥见美援结束初期美台贸易的发展趋势。吴荣义的《〈上海公报〉以来美台经济和贸易关系的回顾》[④]，明确指出 1972 年发布的中美《上海公报》为 1979 年的中美正式建交扫清了道路，所以对于美台关系来说，《上海公报》是一个重要的转折点。该文重点回顾了 1970—1981 年间美台投资和贸易的关系，对于了解 20 世纪 70 年代的美台经贸关系有一定的参考价值。

研究范围为 20 世纪 80 年代以后的美台贸易的英文论著有：吉米·W.惠勒

[①]　Robert J. Barr, *America Trade with Asia and the Far East* (Wisconsin: The Marquette University Press, Milwaukee, 1959).

[②]　Neil H. Jacoby, *U.S. Aid to Taiwan* (New York: Frederick A. Praeger, Publishers, 1966).

[③]　Jordan C. Schreiber, *U.S. Corporate Investment in Taiwan* (New York: The Dunellen Company, Inc., 1970).

[④]　Rong-I Wu, "A Review of US-Taiwan Economic and Trade Relations Since the 'Shanghai Communiqué'", Yu-ming Shaw ed., *Taiwan-U.S. Relations: A Decade After The "Shanghai Communiqué"* (Taipei: The Asian and World Institute, 1983), pp. 67–78.

和佩里·L.伍德的《除了指责：透视美台贸易摩擦》①，从美台各自的宏观经济政策、经济结构和贸易政策等结构性因素方面，探讨了20世纪80年代美台贸易的不平衡问题。延·S.普赖拉的《"与台湾关系法"以来的美台经济关系：一个美国人的看法》②，概述了1979—1987年间美台经贸关系所取得的成就、美台之间围绕台湾地区对美大量的贸易顺差展开的贸易摩擦等问题，并且探讨了解决的方法和途径。楚云鹏（音）的《台湾的贸易顺差、美国的反应和调整政策》③，聚焦于20世纪80年代台湾地区对美大量的贸易顺差问题，依次探讨了美国国内民众对美台贸易不平衡问题的看法、美国国会和政府的反应；台湾地区处在出超地位的长期及短期原因；为减少台湾地区持续扩大的贸易顺差，应采取的长期及中短期政策等。唐耐心的《中国台湾、中国香港和美国，1945—1992》④，依照1945—1992年间国际格局的变化和美国在亚洲战略的转移，将美国对台政策和美台关系划分为四个历史阶段：1950—1965年、1965—1972年、1972—1982年、1982—1992年。该书详细梳理了1945—1992年间的美台经济、军事、政治、社会和文化方面的关系，为专门考察这一时期的美台经济关系提供了一个更广阔的背景和视野以及详尽的资料。此外，该书还概述了1982—1992年间美台经济方面的主要事件：在农业、知识产权等方面的贸易摩擦、台湾地区80年代在美国的投资、美台双方对于台湾地区所提倡的美台自由贸易协定的态度和反应以及80年代末期随着两岸贸易投资的扩大和大中华经济圈的初步形成，台湾地区逐渐减少了对美国的贸易顺差。马丁·L.拉萨特的《美国在新台湾的利益》⑤，主要从美国利益和政策出发，分析了自1986年以来台湾地区政治、

①　Jimmy W. Wheeler and Perry L. Wood, *Beyond Recrimination: Perspectives on U.S.-Taiwan Trade Tensions* (Indianapolis: Hudson Institute, Inc., 1987).

②　Jan S. Prybyla, "US-Taiwan Economic Relations Since the Taiwan Relations Act: An American View", King-yuh Chang, ed., *Taiwan-US Relations Under the Taiwan Relations Act: Practice and Prospects* (Taipei: Institute of International Relations, 1988), pp. 69–79.

③　Yunpeng Chu, "Taiwan's Trade Surplus, U.S. Responses, and Adjustment Policies", King-yuh Chang, ed., *Taiwan-US Relations Under the Taiwan Relations Act: Practice and Prospects*(Taipei: Institute of International Relations, 1988), pp. 80–96.

④　Nancy Bernkopf Tucker, *Taiwan, Hong Kong, and the United States, 1945-1992* (New York: Twayne Publishers, 1994).

⑤　Martin L. Lasater, *U.S. Interests in the New Taiwan* (Colorado: Westview Press, 1993).

经济、社会各方面的重大转型。其中，第三章提供了 1987—1991 年间两岸贸易和美台贸易的大量资料数据；第六章聚焦于冷战结束后美国对亚洲政策的演变，讨论了美国在亚太地区的整体利益；第七章详细考察了美国在台湾地区多方面的利益。该书将 20 世纪 80 年代末至 90 年代初的美台贸易置于美国对亚太政策演变的国际环境下进行分析，为充分了解这一阶段的美台经济关系提供了全面的背景资料。D. 盖尔·约翰逊和侯寄明的《农业政策和美台贸易》[1]，叙述了 1945—1990 年间台湾地区和美国各自的农业结构和变化、当前的农业问题和农业政策、各自农业政策的政治经济学和美台在农业方面的贸易冲突等。罗伯特·E. 鲍德温、陈添枝、道格拉斯·纳尔逊合著的《美台贸易的政治经济学》[2]，主要着眼于在一个政治经济的框架里，根据经济和政治的因素分析一国或地区的贸易政策，探讨政治和经济因素如何影响一国或地区的贸易决策。该书首先概述 1945—1990 年间台湾地区对美国的进出口及相关政策，其次分别讨论美国和台湾地区的贸易政策决策是如何受到各自内部政治和经济因素的影响的，最后详细叙述了美国和台湾地区在 1980—1995 年间贸易政策和相关制度所发生的变化，美国和台湾地区的个别部门所面临的特殊进出口问题以及贸易政策是如何与美台整体的发展和宏观经济政策相关联的。其中，第五章分别讨论了自 1978 年美台贸易谈判以来，美国在农业、烟酒、金融服务业和知识产权四个领域中要求台湾地区开放市场的谈判细节，并分析了岛内政治和经济因素对台湾当局所采取的谈判策略的影响；第七章以美国对台湾地区进行出口限制的纺织和服装、钢铁、机床三个行业为例，回顾了 1945 年至 80 年代美国所采取的贸易保护主义政策，得出的结论是，台湾地区与美国的贸易关系无异于其他发展中国家和地区与美国的贸易关系。刘大年和连文荣的《台湾和美国之间的贸易

---

[1]　D. Gale Johnson and Chi-ming Hou, *Agricultural Policy and U.S.-Taiwan Trade* (Washington, D.C.: the American Enterprise Institute for Public Policy Research, 1993).

[2]　Robert E. Baldwin, Tain-Jy Chen, Douglas Nelson, *Political Economy of U.S.-Taiwan Trade* (Ann Arbor: The University of Michigan Press, 1995).

关系》[①]，在全面考察了 1960—1997 年间台湾地区与美国的贸易关系，以及 20 世纪 70 年代后期开始的美台贸易摩擦后得出的结论是，台湾地区在发展过程中从美国那里受益良多。在台湾地区经济发展的初期，美援是台湾地区内部可自由支配的储蓄金的一个重要来源。因此，当台湾地区从进口替代转向出口提升政策时，美国市场大量地吸收了台湾地区的出口产品。1979 年，美国宣布断绝同台湾地区的所谓"外交关系"后，台湾地区对美国高度的贸易依赖不但没有受到影响，反而累积了大量的对美贸易顺差。所以，二十世纪八九十年代美台贸易的问题主要集中在双方的贸易谈判和摩擦上。虽然这一时期的两岸贸易发展迅速，但美国依然是台湾地区最重要的外贸市场。尼古拉·R.拉定和丹尼尔·H.罗森合著的《'美台自由贸易协定'的前景》[②]，首先量化分析了 FTA 对双方全部受益、域内生产总值和贸易的影响，随后又定性分析了可能受 FTA 影响的纺织和服装、农业、服务业等部门的受益或损失，最后将美台可能的 FTA 放置在更广阔的背景下，分析其地缘经济和地缘政治方面的独特意义。

2. 国内学者的研究

就笔者目前所接触到的资料而言，国内学者关于美台贸易的专著，或是在讨论台湾地区经济发展经验时提及美援时期的美台经济关系，如叶学晳的《国际资金流入》[③]、李国鼎的《台湾经济快速成长的经验》[④]；或是在重点考察美台政治关系时论及经济关系，如资中筠、何迪的《美台关系四十年：1949—1989》[⑤]。另外，朱成虎的《中美关系的发展变化及其趋势》[⑥]、苏格的《美国对华政策与台湾问题》[⑦]、唐正瑞的《中美棋局中的"台湾问题"》[⑧]等均或多或少地涉及美台

[①]　Da-Nien Liu and Wen-Jung Lien, "The Trade Relationship Between Taiwan and The U.S.", Jaw-Ling Joanne Chang and William W. Boyer ed., *United States-Taiwan Relations: Twenty Years After The Taiwan Relations Act* (Baltimore: Maryland Series in Contemporary Asian Studies, Inc., 2000), pp. 127–147.

[②]　Nicholas R. Lardy and Daniel H. Rosen, *Prospects for a US-Taiwan Free Trade Agreement* (Washington, D.C.: Institute for International Economics, 2004).

[③]　叶学晳：《国际资金流入》，（台北）联经出版事业股份有限公司，1981。

[④]　李国鼎：《台湾经济快速成长的经验》，（台北）中正书局，1978。

[⑤]　资中筠、何迪：《美台关系四十年：1949—1989》，人民出版社，1991。

[⑥]　朱成虎：《中美关系的发展变化及其趋势》，江苏人民出版社，1998。

[⑦]　苏格：《美国对华政策与台湾问题》，世界知识出版社，1998。

[⑧]　唐正瑞：《中美棋局中的"台湾问题"》，上海人民出版社，2000。

经济关系的内容，但这些论述都只停留在历史性的叙述和粗线条的分析上。讨论美台贸易关系或是涉及美台贸易的代表性论文有：李国鼎的《台湾的经济转型》[1]，第十四章《美国与台湾之间的经济合作》依次回顾了美援在台湾地区早期经济发展过程中的作用、美援结束后十年间（1965—1974）美台贸易实绩、1970年代世界经济的持续衰退对台湾经济和贸易的影响；第十六章《中美商业合作关系的新机遇》分析了1978年台湾地区贸易发展的主要原因及美台贸易数额。以上两章内容对追溯20世纪80年代以前的美台贸易情况具有重要意义。杨永斌的《冷战后美国在台湾的经济战略利益》[2]，基于美台贸易是冷战后美国在台湾地区经济战略利益的重要体现，简述了20世纪90年代美台贸易、投资的概况。林长华的《战后美台贸易关系发展趋势分析》[3]，系统深入地分析了1951—2001年间美台贸易关系的形成、发展过程和各个阶段进出口贸易的主要特征，并用数据说明了美台贸易对两者各自经济发展的重要性不同，最后分析了台湾地区经济严重依附美国经济的原因和解决对策。朱磊的《新经济对美台经济关系的影响》[4]，讨论了20世纪90年代以来，以知识经济、信息经济为代表的建立在知识和信息的生产、分配和使用之上的"新经济"对台湾地区和美国各自的经济结构产生的重要影响，以及对美台之间的贸易和投资关系发挥的积极作用。信强的《试论美台"自由贸易协定"的动因及可能性》[5]，论述自2001年美国参议院提出建立"美台自由贸易区"的法案后，台湾当局积极响应并大力支持的情况。该文分析美台双方推动签署自由贸易协定的动因，并预测美台"FTA"的前景。贺平的《美台关系中的经济因素：1979—2001》[6]，第二章

---

[1] Kwoh-ting Li, *Economic Transformation of Taiwan* (London: Shepheard-Walwyn Publishers, 1988).

[2] 杨永斌：《冷战后美国在台湾的经济战略利益》，《中国国情国力》2001年第1期，第9—11页。

[3] 林长华：《战后美台贸易关系发展趋势分析》，《台湾研究集刊》2001年第1期，第31—36页。

[4] 朱磊：《新经济对台美经济关系的影响》，《台湾研究》2001年第1期，第63—70页。

[5] 信强：《试论美台"自由贸易协定"的动因及可能性》，《台湾研究集刊》2004年第3期，第30—37页。

[6] 贺平：《美台关系中的经济因素：1979—2001》，硕士学位论文，上海外国语大学国际政治系，2005。

将 1979—2001 年间的美台经济关系划分为三个阶段：1979 年美台"断交"至 80 年代中期、80 年代中后期至 90 年代前期、90 年代前期以后，并分析了美国、台湾地区在各阶段的经济形势、政策、美台直接贸易和双向投资情况等。该文对二十世纪八九十年代美台经济关系演变时段的划分颇具参考价值。陈丽霞的《中国大陆、中国台湾与美国之间贸易相关性研究》[①]，将两岸贸易关系与中美贸易关系结合起来研究，对两岸以及中美的贸易规模、贸易商品结构进行全面深入的分析，并运用计量模型分析三者的贸易相关性问题。此外，在第二章第二节回顾和梳理了 20 世纪 80 年代以来，美台官方经贸交往主要热点、美台贸易的规模、美台贸易依存度的变化、美台贸易商品结构等。

上述论文和专著分别从不同角度探索了台湾地区与大陆、台湾地区与美国之间经贸关系的发展过程和各阶段的主要特征、进出口贸易商品结构及变化、台湾地区外贸发展的主要情况以及对外贸易发展的战略和政策等问题，但遗憾的是，它们或只探讨台湾地区与美国的贸易，或只探讨台湾地区与祖国大陆的贸易，而没有将两者联系起来考察台湾地区外贸主要市场变化的过程和原因。本书基于已有研究的不足之处，专门就近 40 年来台湾地区外贸主要市场从美国转移到祖国大陆的过程和原因给予全面深入的分析和讨论。

三、本书基本研究思路、主要观点和创新之处

（一）基本研究思路

本书旨在探讨 1979—2018 年间，台湾地区外贸主要市场从美国转移到祖国大陆的过程和原因。首先，从宏观层面总体回顾并梳理这 40 年间台湾地区主要贸易对象演变的历程：两岸贸易从 20 世纪 80 年代的起步到 90 年代的扩大，再到 21 世纪初期的新发展；美台贸易经历了 20 世纪 80 年代的繁荣之后，在 90 年代和 21 世纪初期逐渐降温。本书将祖国大陆逐渐取代美国成为台湾地区最大贸易伙伴、最大出口市场和最大贸易顺差来源地的原因归结为以下四点：第一，本书讨论的起始时间 1979 年恰好是祖国大陆改革开放的起始时间，所以首先分

---

① 陈丽霞：《中国大陆、台湾与美国之间贸易相关性研究》，硕士学位论文，厦门大学国际经济与贸易系，2009。

析祖国大陆改革开放以来的对台政策对于台湾地区外贸的影响。具体而言，将分别考察在祖国大陆对台经贸政策的影响下，台湾地区经贸政策的转变、台湾地区民间企业的积极表现和台湾地区外贸关系的变化。第二，本书检视了这 40 年间美国对台经贸政策及美台经贸关系的演变，分析造成台湾地区主要外贸市场从美国转移到祖国大陆的美国方面的因素。第三，本书考察了台湾地区自身的因素，重点分析台湾地区内部经济、政治和社会环境在这 40 年间的变化，并探讨此种变化对其主要贸易对象的转移的影响。第四，最后考察了这 40 年间国际经济环境的变化对于台湾地区外贸对象转移的影响。

（二）主要观点和创新之处

1. 主要观点

第一，祖国大陆改革开放以来的对台政策是造成台湾地区主要外贸关系发生变化的关键因素。

在两岸政治关系方面，祖国大陆对台大政方针是两岸从隔绝到互动的主导因素，也是两岸贸易发生发展的重要政治前提。祖国大陆对台经济政策开启并主导着两岸转口贸易的发展，是两岸经贸往来的决定因素。1979—2018 年间，祖国大陆制订并调整了一系列对台大政方针及经贸政策。这些政策始终稳健、持续，并且经过不断发展和完善，逐步走向规范化和系统化。在祖国大陆对台经贸政策的影响和民间社会舆论的推动下，同时，也是出于自身经济转型的客观需要，台湾当局渐进地修正和放宽了对祖国大陆经贸政策，民间企业纷纷奔赴大陆兴办工厂。20 世纪 80 年代后期至 90 年代初期，大部分台商投资集中在制鞋、轻纺类劳动密集型产业。到 90 年代初期之后，台商投资大多数集中在电子及相关产品方面。这些台资企业虽然将生产环节转移到大陆，但其生产所需的半成品、设备、零部件及机械等用品依然依赖台湾进口。所以在台商大规模投资的驱动下，两岸贸易得到快速的发展，并从最初的产业间贸易类型转向产业内贸易类型。40 年来，两岸贸易额和贸易依存度不断上升，两岸贸易已达到"你中有我，我中有你"的地步，并成为联系两岸关系最重要的纽带之一。可以说，"基本上，两岸贸易是由台湾对大陆投资所驱动"。[①] 与此同时，台商投资

---

① 童振源：《全球化下的两岸经济关系》，（台北）生智文化事业有限公司，2003，第 72 页。

大陆以及两岸贸易的蓬勃发展也导致了自 20 世纪 80 年代后期开始，台湾地区对祖国大陆及对美国出口情况的巨大变化：对美国的出口在台湾地区总体出口中所占比重逐渐下降，而对祖国大陆的出口则在其总体出口中所占比重日益上升。2002 年，祖国大陆最终取代美国成为台湾地区最大的出口市场。

第二，美国对台湾地区经贸政策的转变、台湾地区内部环境、国际经济环境的变迁也是促使台湾地区外贸主要市场从美国转移到祖国大陆的重要原因。

自 20 世纪 50 年代以来，美国和台湾地区之间以"美援"为契机开始了长期而密切的贸易关系。台湾地区在经济上严重依赖美国，美国市场在台湾地区外贸市场中居于相当重要的地位。冷战结束后，国际政治格局发生了巨大转变，台湾地区作为美国冷战盟友的战略价值也大大降低。与此同时，台湾地区在对美贸易中所拥有的巨大贸易顺差使其成为美国贸易保护主义的目标。20 世纪 80 年代中后期，美国改变了对台湾地区扶持的传统政策，转为频频向台湾地区发难：对出口到美国的台湾地区产品数额实行自动设限，并要求台湾地区对其出口产品降低关税，开放市场，逼迫新台币升值，试图通过减少进口、扩大出口的方法来扭转美国在美台贸易中长期巨额逆差的地位。自 20 世纪 80 年代中期起，台湾地区开始进入经济、政治和社会的全面转型期。与此前相比，台湾经济持续高速增长的有利因素和条件逐渐丧失，而两岸经贸关系的扩大为台湾经济的发展提供了新的动力来源，也加速了台湾地区产业结构的转型，与祖国大陆的经贸往来日益成为台湾地区进行经济转型与产业升级的重要凭借以及走出经济低谷的重要契机。随着区域经济一体化和集团化的迅速兴起，以欧盟、北美自由贸易区和"东盟 10+3"为代表的自由贸易区普遍推行对内互惠、对外排他的政策。与此同时，以美国为首的工业先进国家奉行贸易保护主义措施，后进的发展中国家也采取出口导向工业化的发展战略，依靠自身较廉价的劳力和资源抢占国际市场。在美国对台湾地区经贸政策转变、台湾地区内部环境和国际经济环境发生变化等因素的共同作用下，台湾地区外贸发展的有利国际条件逐渐丧失，外贸市场日益萎缩，在此情况下，两岸经贸以及祖国大陆市场逐渐成为台湾地区新的发展空间和增长动力。

2. 创新之处

（1）揭示了台湾地区外贸主要市场转移的原因

1979—2018 年间，祖国大陆改革开放以来的对台政策是造成台湾地区外贸主要市场从美国转移到祖国大陆的关键因素。在两岸政治关系方面，祖国大陆对台大政方针是两岸从隔绝到互动的主导因素，也是两岸贸易发生发展的重要政治前提。祖国大陆对台经济政策开启并主导着两岸转口贸易的发展，是两岸经贸往来的决定因素。除此之外，近 40 年来美国对台湾地区经贸政策的转变、台湾地区内部环境和国际经济环境的变迁也是促使台湾地区外贸主要市场发生变化的重要因素。

（2）资料新

笔者在美国访学期间，收集了大量第一手资料和有关美台贸易、台湾地区外贸和两岸经贸方面的英文文献。

第一章　台湾地区主要外贸市场
从美国转向祖国大陆

第一节　台湾地区对美国市场的严重依赖

一、美国对台经济援助

1951—1965 年间，美国共向台湾地区提供了 14.65 亿美元的援助。[①] 其中，1951—1961 年间，美国援助的金额相当于台湾地区生产总值的 6%、台湾地区投资的 37%、进口商品与服务的 34%。[②]1951—1965 年间，每年大约提供 1 亿美元，相当于台湾地区生产总值的 5%—10%。鉴于学界对于美国对台经济援助已有全面深入的研究，故笔者在此仅对美国经济援助（以下简称"美援"）与美台经贸之间的关系进行简要概述。

表 1-1 "美援"与台湾地区域内生产总值（GNP）、投资和
进口之间的关系（1951—1968）

单位：%

年份	美援 /GNP	美援 / 投资	美援 / 进口商品和服务
1951	5.1	35.6	39.6
1952	6.7	45.5	41.2
1953	5.7	41.0	39.3
1954	6.1	37.9	37.4

① Neil H. Jacoby, *U.S. Aid To Taiwan* (New York: Frederick A. Praeger, Inc., Publishers, 1966), p.38.

② Cho Hui-Wan, *Taiwan's Application to GATT/WTO* (Westport: Praeger Publishers, 2002), p.18.

续表

1955	7.1	53.8	43.4
1956	4.7	29.2	26.2
1957	3.6	22.8	21.8
1958	6.5	37.3	28.2
1959	6.8	36.2	30.0
1960	6.4	31.8	31.0
1961	6.7	33.8	32.0
1962	3.8	20.2	20.2
1963	3.6	20.5	19.1
1964	1.9	9.7	9.9
1965	2.3	10.1	10.6
1966	1.3	5.8	6.4
1967	0.6	2.6	2.7
1968	0.2	0.6	0.6
平均值	6.0	36.8	33.6

资料来源：CHO Hui-Wan, *Taiwan's Application to GATT/WTO* (Westport: Praeger Publishers, 2002), p.19.

1951—1965 年间，美国对台湾地区的经济援助可以分为三个阶段。1951—1956 年为第一个阶段。这个阶段中，美国以赠与的方式向台湾地区提供总数额为 6.09 亿美元的"一般经济援助"，具体包括防卫援助、军事援助和技术合作。1954 年以后，美国开始对台湾地区提供"剩余农产品援助"，具体又分为对台湾当局的赠与和贷款、对民间的赠与。朝鲜战争爆发后，美国重新开始对台湾地区提供经济援助时，国民党当局正处于危急关头：食品、衣服和其他基本生活用品极度匮乏，庞大的军事开支导致巨额预算赤字，通货膨胀严重，外汇储备枯竭，社会矛盾一触即发。由于美国国会将台湾地区视为遏制共产主义的重要联盟，以及在西太平洋盆地防御基石之一，故台湾地区的生存及其军事力量的存在对于美国国家安全尤为重要。因此，美国经济援助的首要目标是保持台湾地区经济和社会的稳定，满足台湾民众的基本生活需求，抑制恶性通货膨胀。[1] 唯有如此，国民党当局才能支撑其繁重的军事负担，维持社会的正常运转。实际上，"美援"也的确发挥了这样的作用：1951—1955 年间，大量资金的输入有效地抑制了通货膨胀，使消费者价格指数的年增幅从 1951 年的 57%下降到 1952 年的 17%，至 1953 年又下降到 4.5%，并在其后降至一个可以接受的水平。[2]

　　1957—1961 年是第二个阶段。1956 年底，台湾地区大部分行业的产出都已恢复到战前最高水平，人均地区生产总值也恢复到战前水平。随着战后经济稳定和恢复的基本完成，发展就成为下一阶段的主要目标。从 1957 年开始，美国在对台经济援助中又增加了"开发贷款基金"，旨在帮助台湾地区发展经济，进行生产建设。因此，这一段时期属于赠与和贷款并行的阶段。这一阶段的大量援助都用于基础设施建设和工业工程方面，资本货物和工业物资占进口产品的比重逐渐上升，而进口消费品的比重则逐渐下降：与 1955 年的 29.6% 相比，资本货物在总进口中所占的比重在 1960 年达到 37.1% 的高峰。1956 年，台湾地区的人均地区生产总值增长了 0.4%，1957 年增长了 3.7%，1958 年增长了 3.2%，1959 年增长了 4%，1960 年则增长了 4.4%。[3] 从这一角度看，台湾地区已从经济恢复阶段转向了可持续发展阶段。

　　1961—1965 年为第三个阶段。这个阶段以贷款性开发援助为主要形式，共提供 3.22 亿美元的援助。[4] 美国援助的目标也从强调整体经济的发展转向支持私人企业的发展，在促进台湾地区出口成长的同时，逐步减少台湾地区对"美援"的依赖，帮助其经济尽快实现自立。

　　"美援"的类型，除了"一般经济援助""480 公法剩余农产品援助"和"开发贷款基金"之外，还包括"美援台币相对基金"。"美援台币相对基金"实际上是由原始"美援"派生出来的"美援"，即将出售"美援"物资所得的台币收

---

① Neil H. Jacoby, *U.S. Aid To Taiwan* (New York: Frederick A. Praeger, Inc., Publishers, 1966), p.30.

② Neil H. Jacoby, *U.S. Aid To Taiwan* (New York: Frederick A. Praeger, Inc., Publishers, 1966), p.32.

③ Neil H. Jacoby, *U.S. Aid To Taiwan* (New York: Frederick A. Praeger, Inc., Publishers, 1966), p.33.

④ 张健：《"美援"与台湾经济发展》，《美国研究》1991 年第 1 期，第 28 页。

入按照规定存入"中央银行"特别账户，由台湾当局用于工矿业建设、农业建设、交通运输业建设、教育卫生建设等各项建设。其中，前三项建设所占比重较多，分别为 29%、24% 和 10%。[①] 整体来看，"美援台币相对基金"对台湾地区经济建设和发展起到了关键性的作用。

在稳定经济、恢复发展方面，"美援"起到了增加物资供应、抑制通货膨胀和平衡国际收支等作用；在农业发展方面，"美援"起到了推动台湾地区土地改革、促进农业生产技术现代化等作用；在台湾地区工业化发展的进程中，"美援"起到了支持主导产业发展、推动产业结构调整、促进其从农业经济向工业化转变等作用；在电力、交通运输、电信等基础设施行业，"美援"也投入了大量人力、物力和资金，为台湾地区经济的恢复和发展提供了重要的基础和前提。此外，"美援"也对台湾地区的教育事业和人力资源的培养给予了大力的支持和帮助。甚至可以说，台湾地区经济发展的各个领域、各个层面都与"美援"有关，但在接受"美援"的过程中，台湾地区经济逐渐被纳入美国经济体系中，逐渐从属和依赖于美国经济，其经济结构和经济模式也逐渐被"美国化"。

对于美台经贸关系来说，正是由于"美援"的到来，才开启了美台之间长达半个世纪之久的紧密经贸关系。通过对台湾地区的援助，美国从台湾地区第一大进口市场演变成台湾地区第一大出口市场，与此同时，台湾地区则逐步从处于贸易逆差的地位转变为贸易顺差的地位。但无论如何，整个 20 世纪下半期，美国都是台湾地区最重要的贸易伙伴和最重要的外贸市场。台湾地区经济的恢复、稳定以及发展都离不开对美贸易。

二、美国：台湾地区最重要的市场

1945—2002 年间，美国始终是台湾地区最重要的外贸市场。这一时期又可分为两个阶段：1945—1964 年，美国是台湾地区第一大进口市场；从 1966 年开始，美国一跃成为台湾地区最大的出口市场。在此后的 30 多年时间里，美国始终保持着台湾地区第一大出口市场的地位，直到 2002 年才被祖国大陆取而代之。

---

① 张健：《"美援"与台湾经济发展》，《美国研究》1991 年第 1 期，第 30 页。

鉴于 1979—2008 年间美台贸易的发展趋势、特征及实质，笔者将在本书第三章进行详细论述，为避免重复，故将本章探讨的时间下限确定为 1984 年。该年的对美出口额在台湾地区整体出口中所占的比重达到 48.8% 的历史最高峰。换言之，台湾地区接近一半的出口产品都出口到了美国市场。而本章探讨的时间上限为 1951 年，"美援"。由于 1951—1965 年间，美台之间是"投资驱动"型的贸易关系，所以美国对台经济援助实质上是对台湾地区进行资本输入，属于"非民间间接投资"性质。而从 20 世纪 60 年代中期开始，美国对台投资转向直接投资，大部分产品返销回美国市场。有鉴于此，本章将一并讨论美台之间的贸易和投资状况。

表 1-2 1951—1984 年台湾地区对美贸易统计表

单位：亿美元

年份	贸易总额	对美出口额	自美进口额	贸易差额
1951	0.99	0.06	0.41	-0.35
1952	0.90	0.04	0.86	-0.82
1955	1.01	0.05	0.96	-0.91
1960	1.32	0.19	1.13	-0.94
1965	2.72	0.96	1.76	-0.80
1969	6.71	3.99	2.92	1.07
1970	9.28	5.64	3.64	2.00
1971	12.67	8.59	4.08	4.51
1972	17.95	12.51	5.43	7.08
1973	26.30	16.77	9.53	7.24
1974	37.17	20.37	16.80	3.57
1975	34.75	18.23	16.52	1.71
1976	48.36	30.39	17.98	12.41
1977	56.00	36.36	19.64	16.72
1978	73.86	50.10	23.76	26.34
1979	90.3	56.5	33.8	22.7
1980	114.3	67.6	46.7	20.9

续表

1981	129.3	81.6	47.7	34
1982	133.2	87.6	45.6	42
1983	159.8	113.3	46.5	66.9
1984	199.1	148.7	50.4	98.2

资料来源：1951—1978 年的数据来自林长华的《战后美台贸易关系发展趋势分析》，《台湾研究集刊》2001 年第 1 期，第 31 页。1979—1984 年的数据来自美国商务部的统计，参见 www.census.gov/foreign-trade/balance/c5830.html#2008.

表 1-2 显示了 1951—1984 年间，台湾地区对美贸易总额、进出口数额和贸易差额的情况。这一时期又可进一步细分为三个阶段，其中，1951—1965 年"美援"期间为美台贸易的第一个阶段。这个时期，台湾地区经济发展处于恢复时期，以农养工的工业化开始时期，同时也是台湾当局将经济发展战略从进口替代转向以加工出口为导向的时期。战后初期，台湾地区面临物资匮乏、物价飞涨、人口剧增、军事支出庞大、工农业生产停顿等诸多问题。朝鲜战争爆发后，美国出于"培植盟友，反共反华"的目的，于 1951 年恢复早已中断数年的对台经济援助，试图将台湾地区经济纳入美国经济体系之中，并进一步将其纳入对大陆形成封锁的亚洲战略之中。"美援"期间，美国向台湾地区输入了大量过剩农产品以及日常生产所需要的原料、机械设备等工业用品。与此同时，台湾地区尚处于经济恢复和重建期，主要以农业和农产品加工为主，因此，台湾地区在这一时期的对美贸易逆差达到 12.29 亿美元。

20 世纪 60 年代中期至 70 年代中期是美台贸易的第二个阶段。这一时期，台湾地区不仅完成了工业化，还成功地实现了从进口替代战略到出口导向战略的转变。台湾当局抓住国际分工结构调整和产业转移的良好机遇，充分利用岛内充沛的劳动力、低廉的工资和地价，主动承接由欧美国家转移而来的劳动密集型产业，建立了以轻纺、家电工业为核心的支柱产业。1962 年，台湾地区的工业品在整体出口产品中所占的比重首次超过了农产品。1963 年，工业在经济结构中所占的比重首次超过了农业。1968 年，制造业的产值超过了农业，这标志着台湾地区从农业经济时代进入工业经济时代。由于台湾地区的工业品主要出口到美国市场，所以这一阶段，台湾地区对美出口数额不断扩大。由表 1-2 可知，1965 年，台湾地区对美出口额为 0.96 亿美元，1969 年则达到了 3.99 亿美元，增长了将近 4 倍，而同期台湾地区自美进口额只增长了 65.42%。进入 70 年代后，尽管台湾地区自美进口额一直在逐年增长，但其增长幅度远远低于出口额的增大速度，使得台湾地区在对美贸易中一改前一阶段的逆差地位，转而处于贸易顺差的地位。

20 世纪 70 年代中期至 80 年代中期是美台贸易的第三个阶段。这一时期的美台贸易，虽然由于世界石油危机和世界经济的衰退，增长速度与前一阶段相比有所放慢，但就整体而言，进出口额和贸易总额都在不断增长，台湾地区对美贸易顺差数额也随着双方贸易总额的扩大而扩大。

综观"二战"后至 20 世纪 80 年代中期的美台贸易可以发现，台湾地区通过"美援"，与美国建立起了紧密的经贸关系。在这一过程中，台湾地区的对外贸易对于美国市场的依赖程度日益加深。1966—1984 年间，美国市场在台湾地区整体出口中所占的比重最低值是 1966 年的 21.56%，最高值是 1984 年的 48.08%。由此可以看出，不管台湾地区对美贸易是处在顺差地位还是逆差地位，除 1966 年外，美国市场都占据台湾地区出口市场的四分之一以上，最高时达到近二分之一。与此同时，自美国的进口在台湾地区总体进口中的比重一直徘徊在 22.16%（1978 年）到 29.07%（1967 年）之间。这些数据充分显示出，台湾地区的对外贸易对于美国市场的依赖程度非常深。对于以外贸为"生命线"的台湾地区经济来说，如果离开了美国这一重要的贸易伙伴和最重要的进出口市场，其后果将不堪设想。

"二战"后到 20 世纪 80 年代中期的美台投资关系，根据其特点可以分为两个阶段。20 世纪 70 年代中期以前，一方面，由于岛内正处在经济恢复重建、从农业社会向工业化发展的时期，急需吸引外国资本以发展岛内经济；另一方面，由于美国在新科技革命的推动下着重发展高科技产业，需要将本国低附加值的劳动力密集型加工工业向发展中国家和地区进行产业转移。因此，大量的美国资本涌向台湾地区。但这一阶段，主要是美国单方面地向台湾地区投资，美台投资关系从具有官方性质的间接投资逐渐转向美国私人资本对台直接投资。

1951—1965 年"美援"期间，美国共向台湾地区提供了 14.82 亿美元的援助，平均每年援助台湾地区 9800 万美元，约占当时台湾地区域内生产总值的 5%—10%。而这 14.82 亿美元的经济援助又可分为"一般经济援助""480 公法剩余农产品援助""开发贷款基金"三种类型，援助数额分别为 10.29 亿美元、3.87 亿美元和 6580 万美元，分别占"美援"总额的 70%、26% 和 4%。[1]"美援"的性质属于美国政府对台湾地区的"非民间、单向间接投资"。1965 年之前，美国私人企业对台湾地区公、私营企业的贷款总额为 2712.2 万美元，占外资对台贷款总额的 94.90%。[2]"美援"在 1965 年结束之后，台湾地区良好的投资环境和台湾当局对于外资的优惠政策，都促使大量外商赴台投资。1966—1975 年间，美国在台投资总额达到 3.92194 亿美元，美国投资在对台投资的外国资本中所占的比重虽然呈波动起伏的趋势，但最高时达到 84.73%，最低时仍有 30.31%，[3] 说明美台之间通过"美援"已经建立了密切的关系，台湾地区已被纳入了美国的经济体系。

20 世纪 70 年代中期以后，是美台投资关系的第二个阶段。这一时期，美台投资从之前的美国对台湾地区单向投资转向美台之间的双向投资。20 世纪 70 年代中期以后，台湾地区的私人资本逐渐发展壮大，并开始形成企业集团赴岛外投资。尤其是进入 80 年代后，在台湾地区内部投资环境日益恶化的情况下，台湾地区企业对美投资的步伐明显加快，台湾地区对美投资额从 70 年代后期的数百万美元扩大到 80 年代中期的上亿美元。从 1978 年到 80 年代中期，台湾地区对美投资金额在其整体对外投资中所占的比重，除了在 1979 年受美台"断交"风波的影响仅有 6.62% 之外，其他年份均占到其整体对外投资的五分之一以上，1980 年更是达到了 83.43%。这一时期，美国对台湾地区的投资金额也在持续扩大，尤其是进入 80 年代之后，投资金额从之前的千万美元上升到上亿美元。但与前一个阶段相比，美国投资在对台投资的外国资本中所占的比重有所

---

[1] 张健：《"美援"与台湾经济发展》，《美国研究》1991 年第 1 期，第 29 页。

[2] 林长华：《战后美台投资关系研究》，《厦门大学学报（哲学社会科学版）》，2001 年第 3 期，第 20 页。

[3] 林长华：《战后美台投资关系研究》，《厦门大学学报（哲学社会科学版）》，2001 年第 3 期，第 20 页统计数据。

下降。

整体来看，"二战"后到 20 世纪 80 年代中期的美台投资关系呈现出三个特点：一是投资数额和规模均呈逐年扩大趋势，二是从早期的美国对台单向投资发展到美台之间的双向投资，三是从"美援"时代"官方"之间的间接投资转向私人企业之间的直接投资。

综上所述，美台之间贸易、投资关系的逐步深化和扩大，既反映出美台经济联系的日益紧密，也进一步表明了台湾地区对于其最大外贸市场——美国的依赖之深。

第二节　台湾地区融入祖国大陆市场

自 1979 年两岸恢复经贸往来后，两岸贸易规模和总量不断扩大，至 2008 年，两岸已形成联系紧密、高度依存的经贸关系。经贸往来与合作的领域也从贸易、投资领域逐步扩展到金融业、服务业、交通运输业、劳务合作等诸多领域，并且呈现出日益深化和扩大的趋势。据商务部的统计，1979 年两岸间接贸易总额仅为 0.77 亿美元，而 2008 年两岸贸易总额达到 1292.2 亿美元，其中，大陆自台进口额为 1033.4 亿美元，对台出口额为 258.8 亿美元。这从一个侧面反映出，两岸间的贸易往来已从涓涓细流汇聚发展成万顷碧波。

另外，两岸间的贸易发展与台商投资大陆有着十分密切的关系。20 世纪 90 年代初期，投资驱动的出口占到台湾地区对大陆总出口的三分之一。台商对大陆的投资，直接带动了台湾地区对大陆生产设备和中间原料的大量出口。[①] 鉴于台商对大陆投资是两岸经贸往来的核心和主要内容，故本节除讨论两岸贸易的发展趋势和特征之外，还将讨论近 40 年来台商对大陆的投资情形，以期了解台湾地区最大贸易伙伴、最大出口市场和最大贸易顺差来源地从美国转移到祖国大陆的过程中，两岸经贸发展的情形。

---

① 参见李非：《海峡两岸经济一体论》，博扬文化事业有限公司，2003。

一、台湾地区对祖国大陆的投资

整体而言，近 40 年来，台商对祖国大陆的投资呈现出三个特点：投资数额和规模呈逐年增长的趋势，投资区域不断扩展延伸，投资领域日益多元化。

据台湾地区经济主管部门的统计，1991—2007 年底，台商赴祖国大陆投资案累计达到 3.65 万件，台商对祖国大陆投资金额累计达到 648 亿美元。自 20 世纪 90 年代以来，祖国大陆一直高居台湾地区对外投资的首位。步入 21 世纪后，台商赴祖国大陆投资迭掀高潮。如表 1-3 所示，2000—2007 年间，台湾地区对祖国大陆的年均投资项目数为 3954 项，其间虽有起伏波动，但整体来看，投资项目数处在上升状态。从投资数额来看，台湾地区对祖国大陆投资额在其整体对外投资中所占的比重呈逐年增长之势。2002—2007 年间，经台湾当局经济主管部门核准的台商对祖国大陆投资金额占到台湾地区核准对外投资总额的 66% 以上，尤其是 2007 年 1—10 月间，这一比例更是达到了 70% 以上。[1]

截至 2008 年上半年，祖国大陆累计批准台商投资项目 76339 个，实际利用台商投资金额累计达到 467.6 亿美元，占到祖国大陆实际利用外资总额的 5.7%，台湾地区成为祖国大陆第四大外资来源地。[2]2008 年下半年，由于受到国际金融危机的影响，两岸经贸发展受到一定冲击，台商对祖国大陆的投资项目有所减少，投资金额的增长速度也有所下降。根据商务部的统计，2008 年全年，祖国大陆共批准台商投资项目 2360 项，比同期下降了 28.5%，实际利用台商投资金额 19 亿美元。至 2008 年 12 月，祖国大陆累计批准台商投资项目 77506 个，累计吸收台商投资 476.6 亿美元。[3]

① 曹小衡：《海峡两岸经贸政策、经贸关系现状与前景研究》，《台湾研究》2008 年第 3 期，第 25 页。

② 杜子君：《当前两岸经贸关系特点及前景展望》，《中国经贸》2008 年第 8 期，第 47 页。

③ 王建民：《2008—2009 年海峡两岸经贸关系发展形势分析》，《北京联合大学学报（人文社会科学版）》2009 年第 2 期，第 100—101 页。

表 1-3　2000—2008 年台商投资大陆统计表

单位：个 / 亿美元

年份	2000	2001	2002	2003	2004	2005	2006	2007	2008
项目数	3108	4214	4853	4495	4002	3907	3752	3299	2360
实际投资金额	23.0	29.8	39.7	33.8	31.2	21.6	21.4	17.7	19.0

资料来源：中共中央台湾工作办公室、国务院台湾事务办公室网站：http://www. gwytb.gov.cn/lajm/lajm/201101/t20110121_1718252.htm.

从投资区域来看，近年来，台商投资大陆的区域逐渐从早前集中在珠江三角洲地区扩张和集中至长江三角洲地区。此外，投资区域已经延伸至环渤海湾地区和中、西部省份。21 世纪初叶，台商对长江三角洲地区的投资金额已经大大超过了珠江三角洲地区，并在以上海、昆山、苏州为中心的大上海地区形成了台商投资的群聚地区。此外，"西移"和"北上"逐渐成为台商投资的新趋势。2008 年上半年，虽然江苏、广东、福建、山东、上海、浙江六大东部沿海省市占到实际吸引台商投资总额的 76.9%，但西部地区表现出了强劲的增长势头：2007 年实际吸引台商投资金额比上年增长了 249%，2008 年上半年又比同期上升了 118%。[①] 此外，环渤海湾地区的京津冀鲁豫等省市对台商的吸引力也在与日俱增。以上迹象表明，经过 20 多年的投资，东部沿海地区的市场已经渐趋饱和状态，而西部大开发、中部省份崛起、东北老工业基地振兴等，则为台商提供了更广阔的投资市场和更多的机遇。

从投资领域来看，按实际投资金额排序，2007 年台商投资行业的前五位依次为制造业、批发零售业、纺织业、资讯传播业、金融保险业。其中，制造业中又以电子零组件、电子产品和光学制品、电力设备、金属制品、塑胶制品等为主。虽然仍以第二产业为主，但对第一产业和第三产业的投资力度明显加大。以 2007 年前三个季度为例，对农业的投资金额比同期增长了 35.2%，对建筑

---

① 杜子君：《当前两岸经贸关系特点及前景展望》，《中国经贸》2008 年第 8 期，第 47 页。

业和房地产业的投资金额分别增长了 97% 和 32.4%。① 除了投资行业的变化外，台商投资行业的技术层次也在不断提高。2008 年上半年，台商对制造业的投资主要集中在高新技术产业领域，如电子零组件、计算机、电子产品和光学制品。在高新技术产业领域的投资额占这一时期台商对大陆整体投资额的 80%。此外，台商对祖国大陆的投资还呈现出三个特点：一是投资形态从合资逐渐转向独资；二是投资技术密集度不断提高，台商投资当地自主研发技术的比例逐渐接近台商提供技术的比例；三是台商投资案的规模日益大型化，平均投资金额逐年增长：从 1998 年的 237 万美元增长到 2000 年的 310 万美元，至 2004 年又增长到346 万美元。

2002 年以后，台商对祖国大陆投资在其整体对外投资中所占的比重一直维持在 60% 以上，在 2010 年更是达到了 83.81%。而 2010 年以后，由于祖国大陆产业结构升级，台商投资领域逐渐转向了高新技术产业和服务业，"台联电""台积电"等电子厂商先后在厦门和南京投资设厂，而纺织业等传统产业则部分转向生产成本更低的东南亚国家和地区，因此，台商对祖国大陆的投资规模比之前有所下降。据统计，经台湾"投审会"核准的台商对大陆投资案为 323 件，同比减少了 24.35%；核准投资金额为 96.7 亿美元，同比减少了 12.95%。

2009 年 6 月 30 日，台湾当局在公布"大陆地区人民赴台投资许可办法"及"大陆地区之营利事业在台设立分公司或办事处许可办法"的同时，公布了开放陆资赴台投资第一阶段项目，包括制造业、服务业、公共建设等，共计192 项。但由于台湾当局在投资项目、资格、方式、额度等方面对陆资予以严格限制，再加上配套措施不力造成的人员招聘及往来居留等问题得不到有效解决，因此，据台湾"投审会"统计，截至 2016 年 12 月，总计核准 947 件陆资赴台投资案，累计核准投资金额仅为 16.9 亿美元。

---

① 曹小衡:《海峡两岸经贸政策、经贸关系现状与前景研究》,《台湾研究》2008 年第 3 期,第 26 页。

二、祖国大陆——台湾地区最重要的市场

经过近40年的发展，两岸贸易规模稳步扩大，商品结构渐趋优化，贸易依存度不断提高。至2008年，台湾地区已经成为祖国大陆第七大贸易伙伴、第九大出口市场、第五大进口来源地；祖国大陆则成为台湾地区最大贸易伙伴、最大出口市场和最大贸易顺差来源地。表1-4详细列举了1997—2008年间的大陆自台进口额、大陆对台出口额、贸易总额以及大陆逆差额。

表1-4 1997—2008年间两岸贸易统计表

单位：亿美元

年份	大陆自台进口额	大陆对台出口额	贸易总额	大陆逆差额
1997	164.4	34.0	198.4	130.4
1998	166.3	38.7	205.0	127.6
1999	195.3	39.5	234.8	155.8
2000	254.9	50.4	305.3	204.5
2001	273.4	50	323.4	223.4
2002	280.8	65.9	446.5	214.9
2003	493.6	90.1	583.7	403.6
2004	647.8	135.5	783.3	512.3
2005	746.8	165.5	912.3	581.3
2006	871.1	207.4	1078.4	663.7
2007	1010.2	234.6	1244.8	775.6
2008	1033.4	258.8	1292.2	774.6

资料来源：1997—2000年数据来自《中国对外经济贸易年鉴》（1999/2000，2001）；2001—2008年数据来自《中国海关统计年鉴》（2001—2008年）。

由表1-4可知，从贸易总额和贸易规模来看，在20世纪80年代后期台商投资祖国大陆的带动下，两岸间接贸易总额于1993年突破100亿美元大关，1998年突破200亿美元大关。2000年以来，由于台商投资持续、快速增长，两岸贸易额也随之进入新阶段，从2000年的305.33亿美元扩大到2004年的783.3亿美元，又在2006年突破1000亿美元大关，2007年达到1244.8亿美

元。2008 年上半年，两岸贸易继续保持良好增长势头，贸易总额达到 680.1 亿美元，比同期增长了 23%，但下半年因受国际金融危机影响，贸易额比同期稍有下降，全年贸易总额为 1292.2 亿美元。自 1979 年两岸恢复经贸往来至 2008 年底，两岸贸易总额增长了一千多倍。对祖国大陆贸易顺差日益成为带动台湾地区经济增长的重要动力和新的增长点。其中，台资企业是对台贸易的主力军。2008 年上半年，台资企业对台进出口额在同期祖国大陆对台进出口总额中的比重分别为 78.2%、66.3%，台资企业对台出口额为 86.8 亿美元、自台进口额则高达 429.9 亿美元。

从两岸贸易结构来看，进出口商品结构逐渐优化，机电产品和高新技术产品在两岸贸易商品中的比重日益提高，并逐渐成为两岸贸易的主要商品。曾几何时，台湾地区出口祖国大陆的产品以电子零部件、计算机、通信及视听电子、电力机械器材及设备、化学材料及化学制品为主；祖国大陆出口台湾地区的商品则以低附加值的轻纺、家电等民生消费品为主，两岸贸易商品结构呈现不合理的状态。近年来，这种情况逐渐得到了改善，两岸进出口商品的技术层次不断提升，机电产品在两岸贸易商品结构中占据着越来越重要的地位。2007 年，两岸机电产品进出口总额高达 834.9 亿美元，占当年两岸贸易总额的 67.1%，其中，祖国大陆从台湾地区进口机电产品 695.8 亿美元，对台湾地区出口机电产品 139 亿美元。[①] 至此，仅就机电产品而言，台湾地区成为祖国大陆第四大进口来源地和第七大出口市场。2008 年 1—5 月，祖国大陆自台湾地区进口的机电产品和高新技术产品数额分别是 304.8 亿美元和 254.9 亿美元，分别占同期祖国大陆自台湾地区进口总额的 67% 和 56.1%，而对台湾地区出口的机电产品和高新技术产品，分别占同期祖国大陆自台湾地区出口总额的 58.2% 和 35.3%。[②] 上述数据充分表明，两岸贸易商品结构已逐渐趋于合理。

此外，两岸贸易依存度也随着两岸贸易规模的扩大而不断提升，2000—2005 年间，台湾地区对祖国大陆出口市场的依存度分别为 17.21%、19.05%、

---

① 曹小衡:《海峡两岸经贸政策、经贸关系现状与前景研究》,《台湾研究》2008 年第 3 期,第 26 页。

② 杜子君:《当前两岸经贸关系特点及前景展望》,《中国经贸》2008 年第 8 期, 第 46 页。

21.78%、23.48%、26.83%、28.36%，2006 年更是扩大到 41%。不过，2008 年因受金融危机的影响，台湾地区对祖国大陆出口市场的依存度下降到 33% 左右。虽然祖国大陆对台湾地区市场的依赖程度远远不如台湾地区对祖国大陆市场的依赖程度，但其依存度也在不断上升之中。如 2000—2005 年间，祖国大陆对台湾地区出口市场的依存度分别是 2.02%、1.88%、2.00%、2.05%、2.28%、2.17%。这些数据显示，两岸贸易往来不断深化，已经逐步形成"你中有我，我中有你"的局面。

值得一提的是，2008 年上半年的两岸贸易还呈现出两个新特点：第一，虽然东部沿海地区依然是对台贸易的主要地区，但中西部省份的增长势头已超过东部沿海地区，初露头角。2008 年上半年，东部沿海地区的对台贸易额为 656 亿美元，占同期两岸贸易总额的 96.4%；中部、西部省份的对台贸易额分别比同期增长了 34.9%、34.2%，增幅分别比东部沿海地区高出了 12.3% 和 11.6%。① 第二，加工贸易在两岸贸易中的比重有所下降。加工贸易项下对台进出口额分别是 361.7 亿美元、64.5 亿美元，分别占同期祖国大陆对台进出口总额的 65.8%、49.3%，分别比同期下降了 4.5% 和 4.7%。

2008—2015 年间，两岸在坚持"九二共识"的政治基础上，持续推动经贸交流合作，建立了两岸经济合作机制，两岸经贸相互依存、融合发展的趋势日渐加深。2008 年底，两岸正式开启了两岸之间直接双向通邮、通商、通航的"三通"时代，极大地便利了两岸货物人员往来。2015 年，两岸人员往来总量为 985.61 万人次，同比增加了 4.73%。根据《海峡两岸经济合作框架协议》（ECFA）规定，自 2011 年 1 月 1 日起，两岸全面实施货物贸易与服务贸易早期收获计划。② 自 2011 年该计划实施以来至 2015 年底，祖国大陆对台湾地区累计减免关税约 177 亿元，台湾地区对祖国大陆累计减免关税约 20 亿元。至 2015 年底，共有 14 家台湾地区银行在祖国大陆设立 59 家营业机构，35 家台资金融

---

① 杜子君：《当前两岸经贸关系特点及前景展望》，《中国经贸》2008 年第 8 期，第 47 页。

② 中华人民共和国商务部：《〈海峡两岸经济合作框架协议〉早期收获计划将全面实施》，2010 年 12 月 29 日，http://www.mofcom.gov.cn/article/ac/ai/201012/20101207336981.shtml，最后访问日期：2018 年 6 月 24 日。

机构获得合格境外机构投资者资格，获得投资额度共计近百亿美元。[①]

表 1-5 2008—2015 年两岸贸易额

单位：亿美元

年份	进出口贸易总额	进出口贸易增长率/%	祖国大陆对台出口总额	祖国大陆对台出口增长率/%	祖国大陆自台进口总额	祖国大陆自台进口增长率/%	贸易差额
2008	1292.2	3.8	258.8	10.3	1033.4	2.3	-774.6
2009	1062.3	-17.8	205.1	-20.8	857.2	-17.0	-652.1
2010	1453.7	36.9	296.8	44.8	1156.9	35.0	-860.1
2011	1600.3	10.1	351.1	18.3	1249.2	7.9	-898.1
2012	1689.6	5.6	367.8	4.8	1321.8	5.8	-954.0
2013	1972.8	16.7	406.4	10.5	1566.4	18.5	-1160.0
2014	1983.1	0.6	462.8	13.9	1520.3	-2.8	-1057.5
2015	1885.6	-4.9	449.0	-3.0	1436.6	-5.5	-987.6

资料来源：中华人民共和国商务部台港澳司。

由表 1-5 的统计数据可知，虽然 2008 年后，在外部经济环境不景气的情况下，两岸贸易增长速度在 2014 年、2015 年呈现明显的下滑态势：2014 年两岸贸易总额为 1983.1 亿美元，仅比上年增长了 0.6%；2015 年两岸贸易总额为 1885.6 亿美元，比上年下降了 4.9%。但总体来看，两岸贸易仍延续了前 30 年快速发展的势头，至 2015 年底，两岸货物贸易总额从 2008 年的 1292.2 亿美元增长到 2015 年的 1885.6 亿美元，台湾地区对祖国大陆的贸易顺差额从 2008 年的 774.6 亿美元增长到 2015 年的近 1000 亿美元。2015 年，台湾地区对祖国大陆的出口额已经占其出口总额的 40% 左右，祖国大陆作为台湾地区最大销售市场的地位更加巩固。相比之下，祖国大陆从台湾地区的进口额占进口总额的比例虽然不高，但每年从台湾地区进口的集成电路、液晶面板等电子元器件产品

---

① 中国国际经济交流中心两岸经贸合作研究课题组：《新形势下两岸经贸合作思路研究》，载中国国际经济交流中心编著：《中国经济分析与展望（2016—2017）》，社会科学文献出版社，2017，第 533 页。

数额占进口总额的比例相当高，台湾地区日益成为祖国大陆电子信息产业不可或缺的零部件供应地。自 2005 年开始，两岸农业合作互动频繁，祖国大陆在单向给予台湾多项农产品出口优惠待遇的同时，还推出相关便利通关与检验检疫等措施，因此，台湾地区农产品和水产品进入祖国大陆市场的品种和数量迅速激增。2007 年，祖国大陆正式取代日本，成为台湾地区农产品最大的出口市场。

三、小结

20 世纪 50 年代以前，美台之间并无特别重要的经济关系。朝鲜战争爆发后，美国出于"培植盟友，反共反华"的目的，于 1951 年恢复早已中断的对台经济援助，而 1951—1965 年间的"美援"，一方面使得美台之间建立了日益紧密的经贸关系，另一方面也使得台湾地区的经济被逐步纳入美国经济体系之中。20 世纪下半叶，台湾地区在接受"美援"的过程中，其对外贸易对美国市场的依赖程度不断加深，美国市场在其整体出口市场中所占的份额在最高峰时接近一半。在对台投资的带动下，美国从台湾地区第一大进口来源转变成为台湾地区第一大出口市场和最重要的贸易伙伴。整体来看，由"美援"开启的美台贸易呈现出三个特点：一是投资数额和规模均呈逐年扩大趋势，二是从早期的美国对台单向投资发展到美台之间的双向投资，三是从"美援"时代"官方"之间的间接投资转向私人企业之间的直接投资。总之，20 世纪下半叶，随着美台经贸关系的不断扩大、逐步深化，台湾地区对美国的贸易依赖程度也在与日俱增。

1979 年元旦，全国人大常委会发表《告台湾同胞书》，宣布了和平统一祖国的大政方针，从此两岸经贸往来开始逐步恢复。经过近 40 年的快速发展，祖国大陆不仅取代美国，成为台湾地区最大贸易伙伴、最大出口市场和最大贸易顺差来源地，而且两岸也形成了联系紧密、高度依存的经贸关系。投资方面，台商对祖国大陆投资的数额和规模逐年增长，投资区域也从东部沿海地区扩展延伸至中西部地区，投资领域也日趋多元化。贸易方面，两岸贸易规模稳步扩大，商品结构更趋优化，贸易依存度不断提高。在台商投资祖国大陆的带动下，两岸贸易已经形成了唇齿相依、休戚与共、互利互惠的关系，并朝着更紧密的"经济共同体"方向发展。造成台湾地区主要外贸市场发生巨大变迁的原因主要包括：首先和最重要的因素是祖国大陆自改革开放以来的对台方针和政策所发挥的作用，其次是美国方面的因素，再次是近40年来岛内政治、经济及社会转型的需要，最后是国际经济环境变迁的影响。

第二章　祖国大陆对台方针和政策的作用

1979 年以来，台湾地区主要外贸市场开始发生重大转移，造成这一现象的原因是多方面的，其中最根本的是祖国大陆自改革开放以来的对台方针和政策所发挥的重要作用。本章将探讨的是祖国大陆对台大政方针及台湾地区的因应政策、祖国大陆对台贸易和投资政策的制定及调整、祖国大陆对台政策对于台湾地区主要外贸市场转移所产生的影响等。

第一节　祖国大陆对台大政方针及台湾地区的因应政策

一、"和平统一，一国两制"基本国策的提出和升华（1979—1986）

1."和平统一祖国"方针的提出（1979—1981）

1979 年元旦，全国人大常委会发表《告台湾同胞书》，这一具有划时代意义的纲领性文献主要涉及三点：首先，借新年之际，抒发两岸同胞的骨肉亲情与思念之情，阐述两岸的中国人都对中华民族的生存、发展和繁荣负有不容推诿的责任，因此，尽快结束目前的分裂局面，早日实现祖国的统一，就成为全民族共同的历史任务。其次，从现实来看，时至今日，种种条件都对统一有利。国际方面，中国的国际地位越来越高，国际作用越来越重要。世界上普遍承认只有一个中国，承认中华人民共和国政府是中国唯一合法的政府；大陆方面，祖国大陆各族人民正在为实现四个现代化的伟大目标而同心戮力，安定团结的形势比以往任何时候都好；台湾方面，岛内各界人士纷纷抒发怀乡思旧之情，热烈盼望早日回到祖国的怀抱。同时，既寄希望于台湾同胞，也寄希望于台湾当局，台湾当局一贯坚持的一个中国和反对"台独"的立场，正是两岸合作的基础和共同的立场。最后，停止对金门等岛屿的炮击，呼吁两岸通过和平商谈结束军事对峙状态，尽快实现通邮、通商、通航，以便双方同胞直接接触，互通有无。

《告台湾同胞书》的公开发表，既表明中国共产党的对台方针已由武力"解放台湾"调整为通过和平协商、政治谈判的方式来实现国家的统一，也标志着中国共产党和中国政府"和平统一祖国"方针的正式形成，体现了祖国大陆方面对台湾归回祖国和实现祖国统一的大政方针和基本立场、基本态度。随后，党和国家领导人也在不同场合论及《告台湾同胞书》，并做了进一步的阐述，如强调努力用和平方式解决台湾问题，但不承诺放弃使用武力；台湾地区回归祖国后，尊重其现状及现行制度，重视台湾地区各界人士的意见，允许包括美国、日本在内的各国同台湾继续保持民间的贸易、商务、投资等关系，其中就蕴含了用"一国两制"来解决台湾问题的思路。《告台湾同胞书》以及随后党和国家领导人在不同场合对其内容的进一步阐述，共同构成了"和平统一祖国"方针的基本思路，即力求用和平方式解决台湾问题，但绝不承诺放弃使用武力；提倡两岸尽快实现"三通""四流"，打破隔绝状态；在解决统一问题时，尊重台湾地区的现状、现行制度和台湾各界人士的意见，采取合情合理的政策和办法。

为贯彻和落实《告台湾同胞书》的精神，邮电部、外贸部、文化部等相关部门纷纷表态，欢迎台湾地区有关部门前来交流与洽谈两岸通邮、通商、通航以及学术、科技、文化、体育交流等事宜。与此同时，中央政府采取一系列措施，积极落实在大陆台胞、去台人员在大陆亲属以及原国民党起义、投诚人员等方面的政策。这些政策及措施既合情合理又真心诚意，在海外引发强烈反响，扭转了多年来笼罩在台湾海峡上空的紧张气氛，使得和平统一的呼声日渐高涨。岛内舆论界与知识界公开抨击台湾当局长期坚持的顽固僵化的大陆政策，并要求当局对大陆方面的"和平统一"号召作出回应。

为对抗大陆方面的"和平统一"方针，主导中国统一的舆论，减轻内外压力，国民党当局于1981年3月召开第十二次党员代表大会，讨论并通过了"三民主义统一中国案"。与蒋介石时代"反共复国"的政策相比，调整后的大陆政策重点强调,以"实现三民主义"的和平方式"统一中国"。① "三民主义统一中国"政策的提出表明,国民党当局已经放弃了武力"反攻大陆,复兴建国"的大陆政策,转而以和平方式作为宣传口径,来回应两岸统一问题。但在具体实践中,国民党当局依然坚持"三不政策"("不接触、不妥协、不谈判"),以此来维持其在岛内的统治和"法统"地位。因此,尽管"三民主义统一中国"政策的宣传意义大于实际意义,但其毕竟表明国民党当局正式以"以三民主义统一中国"代替了"反攻大陆"的口号,从此以后,两岸均相互释放出和平的善意,结束了长期以来的军事对抗状态。

2."一国两制"政策的提出及其发展(1981—1986)

1981年9月30日,全国人民代表大会常务委员会委员长叶剑英向新华社记者发表了有关台湾问题的谈话,明确提出国家实现统一后,台湾地区可作为特别行政区,享有高度的自治权,并可保留军队;中央政府不干预台湾地方事务;中央政府不干预台湾地方事务;台湾现行社会、经济制度不变,生活方式不变,同外国的经济、文化关系不变。这些内容已经蕴涵了"一个国家,两种制度"的基本思想。

1982年12月,全国人大五届五次会议通过了修订的《中华人民共和国宪法》,第31条规定:"国家在必要时设立特别行政区,在特别行政区内实行的制度按照具体情况由全国人民代表大会以法律规定。"② 1983年6月,邓小平在会见美国新泽西西东大学杨力宇教授时,进一步阐述了实现台湾和祖国大陆和平统一的六条具体构想,其中一条是,国家统一之后,台湾特别行政区可以实行同大陆不同的制度。司法独立,终审权不须到北京。台湾还可以有自己的军队,只是不能构成对大陆的威胁。大陆不派人驻台,不仅军队不去,行政人员也不去。台湾的党、政、军等系统都由台湾自己来管。此外,邓小平还强调,和平统一祖国的方针将坚持不变。随后,其他党和国家领导人也在不同场合呼吁,台湾当局能够从中华民族的根本利益出发,顺应民心,尊重民意,两岸共同协商国家统一的问题。1984年12月,中英签署《关于香港问题的联合声明》,使

---

① 余克礼主编:《海峡两岸关系概论》,武汉出版社,1998,第166页。
② 《瞭望》周刊海外版编辑部编:《"一国两制"与祖国统一》,新华出版社,1988,第12页。

"一国两制"方针成功付诸实践。

随着"和平统一，一国两制"方针在理论和实践上的不断探索和开拓，其影响力也不断扩大。虽然国民党当局依然固守"三不政策"，但开始放宽对祖国大陆宣传的尺度及对和平统一问题的舆论控制，有关统一问题的讨论，由学术界和思想界扩展到官方、半官方的报刊。有些文章对祖国大陆实行改革开放以来各方面的成就进行了全面、系统的介绍，甚至提出"现在已经到了解决和平统一的关键时刻"，台湾地区的局面既"不能再拖，也拖不下去了"。[①] 有些文章则讨论了统一的途径和条件，为两岸统一建言献策，如提出了"大中华联邦""大中国邦联"等设想。国家应早日实现和平统一，已经成为海内外舆论探讨的焦点话题和海内外同胞的强烈呼声，岛内各界人士，甚至国民党内部一些高层人士也纷纷要求当局改变既有的大陆政策，恢复两岸正常的交流和往来。

面对岛内外的压力和挑战，国民党当局不得不因应情势，调整其统治政策，于1986年3月召开的国民党十二届三中全会上，正式提出了"政治革新"的主张。1986年的"政治革新"是国民党当局统治政策的一次重大调整，其中，"解除戒严""调整大陆政策"，对于两岸关系产生了非常重要的影响。

二、在新形势下坚持和发展"和平统一，一国两制"方针（1987—1994）

20世纪80年代中后期以后，随着大陆政局的稳定，经济改革的不断深化，人民生活水平的持续提高，"和平统一，一国两制"方针逐渐为各方人士所理解和接受。香港问题和澳门问题的解决也证明了"一国两制"的可行性和正确性。中国共产党和中国政府继续坚持用"和平统一、一国两制"基本方针解决台湾问题，党和国家领导人也陆续发表谈话，呼吁台湾当局能够继续朝着有利于和平统一的方向前进，希望岛内各界人士群策群力，共商统一大计。

1987年是两岸关系发展史上具有里程碑意义的一年。7月15日，台湾当局宣布从即日起台湾本岛和澎湖地区解除施行了38年之久的"戒严令"，实施所谓的"国家安全法"。10月15日，台湾当局宣布开放台湾民众赴祖国大陆探亲，

---

① 陈崇龙、谢俊主编：《海峡两岸关系大事记》，中共党史出版社，1993，第14页。

并规定了具体办法：除现役军人及公职人员外，凡在大陆有三亲等内血亲、姻亲或配偶的民众，均可于 11 月 2 日起向台湾红十字组织登记，赴大陆探亲；赴大陆探亲以每年一次为限，除有特殊原因外，每次停留不得超过三个月。[①] 随后，台湾当局又逐步放松了台湾民众赴祖国大陆探亲访友、旅游观光、经商、学术交流的限制。这些举措既促进了两岸民间往来与各项交流的日益密切，又对两岸"三通""四流"起到了推波助澜的作用。

1988 年 7 月，国民党第十三次代表大会通过了"现阶段大陆政策案"。这次会议确定的大陆政策在继承蒋氏父子时期"反对台独"立场的同时，从一个中国原则上后退的趋向也初露端倪，并以更加弹性务实的态度对待两岸问题。在两岸关系方面，按照"政经分离""官民分开"的原则，采取"民间、单向、间接、局部、渐进"的措施，制定相关法律法规来规范两岸交流往来。这些渐进开放的政策和措施，有力推动了两岸各项交流在 80 年代后期更迅速、更全面深入的展开。

1990 年 6 月召开的第十七次统战工作会议上，江泽民就台湾问题和祖国统一提出了如下重要主张：第一，在一个中国原则下，一切问题都可以讨论，都可以商谈。第二，国共两党举行对等商谈，并重视两岸其他党派、团体和各界人士在实现祖国统一大业中的作用。在商谈之中，应及时通报情况，交换意见；甚至在参加会谈的代表中，也可以吸收其他党派、团体有代表性的人士。第三，在正式谈判前，应尽快实现两岸"三通"，扩大双向交流。有关两岸交流中的一些具体问题，可分别通过适当途径协商解决。同年 12 月，中共中央召开对台工作会议。会议强调，全党要坚定不移地贯彻执行"和平统一，一国两制"方针；国共两党应尽早接触谈判，可以吸收其他党派、团体有代表性的人士参加谈判，谈判可以在高层次进行，也可以先从较低层次开始；可以先谈统一的问题，也可以先谈如何促使两岸交流，实现直接"三通"的问题。这两次会议为 20 世纪 90 年代的对台方针定下了基调，也显示了对台政策的某些调整。如随着台湾地区政局的变化以及党外势力的发展，20 世纪 80 年代所提倡的"国共两党对等

---

① 肖敬、顾永中、周志怀编：《两岸交往常见问题解答》，中国友谊出版公司，1991，第 94 页。

谈判"已经不合时宜，应根据台湾地区时局的变化，在国共两党对谈的基础上，吸收其他党派、团体有代表性的人士参加，以扩大谈判的基础和代表性；此外，再次呼吁两岸直接"三通"，实行以经促政、以民促官、以通促统的政策。1992年10月，江泽民在中国共产党第十四次全国代表大会上的报告中指出，要坚定不移地按照"和平统一，一国两制"的方针，积极促进祖国统一；坚决反对任何形式的"两个中国""一中一台"或"一国两府"，坚决反对任何旨在制造台湾地区独立的企图和行动；将继续促进两岸直接通邮、通航、通商，推动两岸人民的往来和各个领域的交流合作，特别是大力发展两岸经济合作。并且再次重申，中国共产党愿意同中国国民党尽早接触，以便创造条件，就正式结束两岸敌对状态、逐步实现和平统一进行谈判。江泽民的讲话充分显示出，中国共产党解决台湾问题的务实态度以及完成祖国和平统一大业的决心。

1990年10月至11月，台湾当局相继成立了"国家统一委员会"（简称"国统会"）"行政院大陆委员会"（简称"陆委会"）和"财团法人海峡交流基金会"（简称"海基会"），"三会"构成了大陆政策从决策咨询、政策制定到具体执行的一整套组织架构。相较于80年代的"大陆工作会报"和"大陆工作指导小组"，"三会"在功能上更加整合与协调。其中，"国统会"的设置具有回应大陆方面"一国两制"的意义。但需要指出的是，"海基会"是台湾当局坚持"三不政策"的产物。1949年以来，由于两岸的政治隔绝，两岸民间交往衍生出的诸多棘手问题亟待解决，而台湾当局一直抱持"不接触、不谈判、不妥协"的顽固立场，所以于1990年11月21日成立了得到官方授权的、与大陆方面联系与协商的民间性中介机构——"海基会"。1991年2月23日，"国统会"正式通过颁布了"国家统一纲领"（简称"国统纲领"）。"国统纲领"既是对大陆方面一系列对台政策的回应，又成为台湾当局未来一段时期内有关大陆政策的最高指导原则，更是其试图夺取统一问题话语权的一种策略。该纲领虽然是1949年以来，台湾地区公开提出的第一个关于"国家统一"的方案，其实质却是追求"两个对等政治实体"，其根本目的在于抗拒统一。继抛出"国统纲领"之后，台湾当局在两岸问题上的另一个重大举措，就是于1991年5月1日，终止所谓"动员戡乱时期"，同时废除"动员戡乱时期临时条款"。终止"动员戡乱时期"

是台湾当局为了解决岛内的"宪政改革"危机，适应两岸关系的发展和因应国际局势的变化，而采取的一项重大政治措施。从一定程度上来说，它适应了两岸交流日益密切的客观现实，从法理上扫除了两岸交流的障碍，为两岸关系的良性互动营造了和平的氛围。

进入 20 世纪 90 年代以来，两岸民间交流的日益频繁，一方面衍生出许多亟待解决的问题；另一方面也促使台湾民众对于尽快实现两岸直接"三通"的呼声愈来愈高，由此危及所谓"台湾安全与安定"。为了规范两岸间经济、贸易、文化等方面的往来并处理衍生之法律事件，并将两岸关系的发展纳入自己设定的轨道，台湾当局于 1992 年 7 月通过了"两岸关系条例"。该条例按"一国两府"的架构，为两岸往来设置了诸多不合时宜的限制性规定，严重阻挠了两岸直接"三通"的实现。1994 年 7 月，台湾当局发表"台海两岸关系说明书"，明确表示不接受"一国两制"政策，并引用"国统纲领"提出的"一个中国，两个对等实体"的架构来定位两岸关系。[①] 从此以后，台湾当局以"国统纲领"为经、"两岸关系条例"为纬、"一个中国，两个对等政治实体"为核心的大陆政策日趋明朗化和系统化。这一大陆政策可以概述为：政治宣传"坚持一个中国，中国必将统一"，实际行动却追求"一国两府""两个对等政治实体"；拖延两岸政治性接触和谈判，设置诸多限制性规定来阻挠两岸直接"三通"，但是迫于两岸交往的客观现实和岛内外的压力，又不得不有选择、有条件地放宽对于两岸交流的限制。

自 20 世纪 80 年代末，两岸开启民间交流以来，随着交流中产生的两岸事务与日俱增，双方均感到处理民间交流的事务性协商的必要性。而两岸红十字组织就最先扮演了两岸沟通与协商的管道，围绕海滩救助、查人传信、遣返私渡人员、探亲访友中所衍生的问题等进行商谈，解决了两岸民间往来中出现的诸多实际问题。1992 年之后，由于两岸民间交往中衍生的很多问题已超越了两岸红十字组织的职权范围，两岸红十字组织便开始了事务性、功能性谈判。两岸红十字组织虽然在一些技术性事务上达成了若干共识，但在根本性问题上仍显示出不同的原则立场。在海峡两岸关系协会（简称"海协会"）的倡议和积极

---

①　杨荣华主编：《九十年代两岸关系》，武汉出版社，1997，第 97—98 页。

推动下，在两岸同胞的共同努力下，1993 年 4 月在新加坡举行了第一次"汪辜会谈"，并签署了《汪辜会谈共同协议》《两会联系与会谈制度协议》《两岸公证书使用查证协议》《两岸挂号函件查询补偿事宜协议》。这次会谈实现了海峡两岸 40 多年来受权民间团体的高层人士首次公开接触商谈，标志着两岸关系发展迈出了历史性的重要一步。在这次会谈中，双方都以务实的态度，暂时搁置政治分歧，将焦点放在关乎两岸民众切身利益和两岸往来的权利义务问题上。为落实"汪辜会谈"达成的各项协议，"海协会"和"海基会"于 1993 年 8 月至 1995 年上半年，先后举行了多次副秘书长级的工作商谈。总之，1993 年的"汪辜会谈"建立了两岸制度性协商机制，开辟了 90 年代中期，两岸有关事务性、功能性、民间性、经济性问题的协商时代，在两岸交流史上写下了浓墨重彩的一笔。

三、坚持一个中国原则，反分裂、反"台独"（1995—1999）

1995 年 1 月 30 日，江泽民发表了《为促进祖国统一大业的完成而继续奋斗》的讲话。讲话精辟地阐述了"和平统一、一国两制"思想的精髓，并提出了现阶段发展两岸关系、推进祖国和平统一进程的八项主张（简称"江八点"）。90 年代中期，两岸交流层次不断提升，经贸交流与合作已具相当规模，两岸制度性协商机制也已建立，然而，两岸敌对状态并未正式结束，直接"三通"尚未实现，岛内分离倾向有所发展，某些外国势力进一步插手台湾问题，干涉中国内政。在此背景下，为了阐述中国共产党和中国政府在新形势下解决台湾问题的立场、方针、政策，推动两岸关系发展，江泽民发表了这篇重要讲话。这八项主张是继《告台湾同胞书》以来，中国共产党和中国政府对台方针政策的又一次最完整表述。它明确提出：中国的主权和领土决不容许分割，任何制造"台湾独立"的言论和行动，都应坚决反对；在坚持一个中国原则的前提下，对于台湾地区同外国发展民间性经济文化关系不持异议；中国人的事我们自己办，不需要借助任何国际场合；中国人不打中国人，不承诺放弃使用武力，绝不是针对台湾同胞的，而是针对外国势力干涉中国统一和搞"台湾独立"的图谋的；中华各族儿女共同创造的五千年灿烂文化，始终是维系全体中国人的精神纽带，也是实现和平统一的一个重要基础；充分尊重台湾同胞的生活方式和当家做主的愿望，保护台湾同胞一切正当权益；大力发展两岸经济交流与合作，贯彻《中华人民共和国台湾同胞投资保护法》，不论在什么情况下，都将切实维护台商的一切正当权益；等等。总之，这八项主张既坚持了"和平统一，一国两制"的原则性，又具有"事异备变"的灵活性；它们紧紧围绕一个中国原则，汇聚并创造各种积极因素以突破政治僵局。

在岛内外舆论的压力下，台湾当局于1995年4月提出了处理两岸关系的六项主张。虽然这六项主张的基础和前提仍是"两岸分治"，但在两岸经贸和民间交流领域放宽了限制，如提出"台湾的经济发展要把大陆列为腹地"；以发展的姿态拟定"两岸经贸关系发展规划""两岸经贸白皮书"等；延长了台湾地区民众赴大陆探亲的停留时间，放宽了大陆民众赴台探亲、探病、奔丧的审核条件。台湾当局对两岸经贸政策和民间交流政策的调整，为两岸关系的发展营造了良好的氛围。

1995年6月，李登辉以所谓"私人"名义访问美国，利用美国提供的讲台向国际社会鼓吹"两个中国""一中一台"，中国政府随即展开了一系列反分裂、反"台独"的斗争，使得1979年《告台湾同胞书》发表以来不断趋向缓和的两岸关系发生重大逆转。受政治因素的影响，两岸经贸交流及其他方面的交流都处于徘徊状态，两岸事务性谈判也陷入僵局，原本定于1995年7月在北京举行的"第二次汪辜会谈"，则被迫延迟到1998年10月才再度举行。但1999年7月，李登辉又抛出了"两国论"，将两岸关系定位为"特殊的国与国的关系"。这些分裂国家的言论充分表明，岛内"隐性台独"与"显性台独"已合而为一。20世纪90年代后期，由于台湾当局在一个中国原则上的步步后退与不断背离，大陆对台政策的重点也因此转变为反分裂、反"台独"的斗争。

四、新形势下的对台政策"新思维"（2000—2007）

1. "'一个中国'原则下，任何问题均可谈"（2000—2004）

自1999年7月，李登辉抛出"两国论"后，两岸关系一直处于持续低迷状态。为防止台湾地区领导人的变更和权力的转移出现可能导致"台独"等分裂祖国的危机和后果，[①] 国务院台湾事务办公室（以下简称"国台办"）、国务院新闻办公室于 2000 年 2 月 21 日发表了《一个中国的原则与台湾问题》白皮书，以政府文告的方式，详细、系统、全面地向国际社会阐述了中国政府有关一个中国原则的基本立场和政策。该白皮书详细阐述了一个中国的事实和法理基础，再度重申了一个中国原则是实现和平统一的基础和前提，表明了对在两岸关系、国际社会中坚持一个中国原则若干问题的态度主张。此外，还首次提出了将采取断然措施的"三个如果"："如果出现台湾被以任何名义从中国分割出去的重大事变，如果出现外国侵占台湾，如果台湾当局无限期地拒绝通过谈判和平解决两岸统一问题，中国政府只能被迫采取一切可能的断然措施，包括使用武力来维护中国的主权和领土完整，完成中国的统一大业。"[②]

　　2000 年台湾地区选举的结果是：民进党籍参选人陈水扁当选地区领导人，台湾地区出现了自国民党退台以来的首次政党轮替。在"台独"势力上台执政、两岸关系何去何从有待观察的情况下，祖国大陆提出了"听其言观其行"的"六字方针"。这一方针既有对台湾新当局善意的劝告，更有对"台独"势力的严重警告。3 月 18 日，国台办就台湾地区产生新的领导人发表声明时指出，"世界上只有一个中国，台湾是中国领土不可分割的一部分。台湾地区领导人的选举及其结果，改变不了台湾是中国领土一部分的事实"，"我们愿意同一切赞同一个中国原则的台湾各党派、团体和人士交换有关两岸关系与和平统一的意见"。

　　2000 年 2 月，国台办与国务院新闻办公室发表了《一个中国的原则与台湾问题》白皮书，将一个中国原则定义为"旧三段论"，即"世界上只有一个中国，台湾是中国的一部分，中华人民共和国政府是代表全中国的唯一合法政府"。2002 年 1 月 24 日，钱其琛在纪念"江八点"发表七周年的场合，正式公开提出了一个中国原则的"新三段论"，即"世界上只有一个中国，大陆和台湾同属一个中国，中国的主权和领土完整不容分割"。2002 年 11 月 8 日，江泽民在中国共产党第十六次全国代表大会上发表了题为《全面建设小康社会 开创中

---

① 范希周：《台湾政局与两岸关系》，九州出版社，2004，第 176 页。
② 国务院台湾事务办公室：《一个中国原则与台湾问题》，http://www.gwytb.gov.cn/zt/baipishu/201101/t20110118_1700148.htm，最后访问日期：2019 年 7 月 1 日。

国特色社会主义事业新局面》的报告，在第八部分"'一国两制'和实现祖国的完全统一"中强调："坚持一个中国原则，是发展两岸关系和实现和平统一的基础。世界上只有一个中国，大陆和台湾同属一个中国，中国的主权和领土完整不容分割。对任何旨在制造'台湾独立''两个中国''一中一台'的言行，我们都坚决反对。"此外，报告中还再次呼吁，两岸"在一个中国原则的基础上，暂时搁置某些政治争议，尽早恢复两岸对话和谈判"，"在一个中国前提下，什么问题都可以谈。可以谈正式结束两岸敌对状态问题，可以谈台湾地区在国际上与其身份相适应的经济文化、社会活动空间问题，也可以谈台湾当局的政治地位等问题"；而"实现两岸直接通邮、通航和通商是两岸同胞的共同利益所在，完全应该采取实际步骤积极推进，开创两岸经济合作的新局面"。

2002 年以来，大陆方面始终将"和平统一"和"反对台独"作为对台政策的两大主轴，在一个中国原则和国家主权问题上决不妥协，但具体的对台工作策略更软性、更灵活。2003 年 3 月，胡锦涛在参加在第十届全国人民代表大会第一次会议台湾代表团审议时，就做好新形势下的对台工作谈了四点意见：一是要始终坚持一个中国原则；二是要大力促进两岸的经济文化交流；三是要深入贯彻寄希望于台湾人民的方针；四是要团结两岸同胞共同推进中华民族的伟大复兴。温家宝在第十届全国人民代表大会第一次会议闭幕后举行的中外记者会上重申，中国政府将坚定不移地执行"和平统一，一国两制"的方针；并呼吁在一个中国原则基础上，尽早恢复两岸的对话和谈判，反对"台独"，尽力推进两岸经济、文化的来往与交流，推进两岸直接"三通"的早日实现，争取和平统一有更大的进展。

这一阶段，台湾当局的大陆政策从"四不一没有"的承诺演变为"一边一国"论，在统"独"路线上左右摇摆。陈水扁在 2000 年 5 月 20 日的就职演说中，针对两岸关系提出所谓"四不一没有"的主张，即保证在四年任期之内，不会宣布"独立"，不会更改"国号"，不会推动"两国论入宪"，不会推动改变现状的"统独公投"，也没有废除"国统纲领"或"国统会"问题。2000 年 5 月 31 日，时任陆委会主委的蔡英文全面否定"九二共识"，认为 1992 年"汪辜会谈"的共识"就是没有共识"。2000 年底，陈水扁在"跨世纪的谈话"中首次提出所谓"两岸统合论"，倡议从两岸经贸与文化的统合开始着手，逐步建立两岸之间的信任，进而共同寻求两岸永久和平、政治统合的新架构。[①]"统合论"实质上是"两国论"的一种翻版，是谋求"主权独立国家地位"的政治理念与诉求，其根本目的在于将目前两岸的分离状况固定化、永久化。2001 年 5 月，陈水扁在中美洲提出，对台军售与过境美国绝对不是对大陆的挑衅、台绝对不会错估与误判两岸情势、台湾绝对不是任何国家的棋子、台湾绝不放弃改善两岸关系的诚意与努力、两岸关系绝对不是零和游戏等五点所谓"新五不政策"。[②]

2002 年 8 月 3 日，陈水扁在向"世界台湾同乡联合会"第 29 届年会发表的致辞中公然宣称，台湾是一个主权独立的"国家"，台湾和对岸的大陆是"一边一国"。当晚，民进党中央就发布新闻稿诠释了"一边一国"的内涵，认为"台湾是'主权独立国家'，'国号'叫'中华民国'，台湾从来就不属于中华人民共和国"。国台办就此发表谈话指出，中国的主权和领土完整不容分割，决不允许任何人以任何方式把台湾从中国分裂出去；严正警告台湾地区分裂势力，立即悬崖勒马，停止一切分裂活动。

为了争取连任，陈水扁在准备 2004 年地区领导人选举期间，宣称要在选举当天举行"防御性公投"，并承诺在 2008 年卸任前，将为台湾催生一部合身、合时、合用的"新宪法"。此举引发国际舆论哗然。国台办就此发表谈话指出，陈水扁当局执意举办直接针对祖国大陆的所谓"防卫性公投"，是对一个中国原则、两岸关系稳定发展、台海局势和平的严重挑衅。

总之，2000—2004 年间的两岸关系复杂紧张。祖国大陆在对台湾地区新任领导人"听其言观其行"之外，始终将"和平统一"和"反对台独"作为对台政策的两大主轴，在一个中国原则和国家主权问题上决不妥协，但具体的对台工作策略更软性、更灵活。反观民进党当局的大陆政策，由于其拒不承认体现一个中国原则的"九二共识"，不仅造成两岸长期累积的互信基础土崩瓦解，也使得这一阶段的两岸政治关系陷入自恢复接触和交流以来前所未有的僵局之中。

---

① 沙鹏：《台湾政党轮替后大陆政策变迁之研究（2000—2006 年）》，硕士学位论文，淡江大学大陆研究所，2007。

② 沙鹏：《台湾政党轮替后大陆政策变迁之研究（2000—2006 年）》，硕士学位论文，淡江大学中国大陆研究所，2007。

2. 胡锦涛的对台工作"新思维"（2005—2007）

2005—2007 的对台政策和措施，可以用"弹性创新"和"温和处理"来概括，其政策和方针出现了"软的更软、硬的更硬"的趋向。在遏制"台独"分裂势力方面，首次建立"依法涉台"原则，出台了《反分裂国家法》。该法的主要内容是鼓励两岸继续交流合作，但同时也首次明确提出了在三种情况下祖国大陆可用"非和平手段"处理台湾问题的底线。而该法的重要意义在于，将长期以来的对台方针政策以国家大法的形式明确、完整地固定下来，对于捍卫国家主权和领土完整，打击遏制"台独"分裂势力，推动两岸关系和平发展，促进祖国和平统一，发挥了至为重要的法治保障作用。①

在两岸交流方面，更加积极地鼓励和推动两岸人员往来、两岸经济交流与合作以及两岸科教文卫等事业的交流。在《反分裂国家法》通过之后，祖国大陆更加主动积极地缓和两岸紧张的对峙气氛，陆续邀请并促成了国民党、亲民党、新党访问团访问祖国大陆。2005 年 4 月，时任中国国民党主席连战率领的国民党大陆访问团对祖国大陆进行 8 天 7 夜的访问，这是国共两党一次重要的交流与对话。国共两党共同体认到，坚持"九二共识"，反对"台独"，谋求台海和平稳定，促进两岸关系发展，维护两岸同胞利益，是两党的共同主张；促进两岸同胞的交流与往来，共同发扬中华文化，有助于消弭隔阂，增进互信，累积共识；和平与发展是 21 世纪的潮流，两岸关系和平发展符合两岸同胞的共同利益，也符合亚太地区和世界的利益。基于上述体认，国共两党决定共同促进以下 5 个方面的工作：促进尽速恢复两岸谈判，促进终止敌对状态，促进两岸经济全面交流，促进协商台湾民众关心的"参与国际活动"的问题，建立党对党定期沟通平台。② 这是 1945 年以来，国共两党主要领导人的首次会谈，既极大地缓和了两岸紧张气氛，也开辟了两岸关系新的前景，具有重大的历史和现实意义。同年年 5 月，时任亲民党主席宋楚瑜率亲民党大陆访问团访问大陆。两党在以下 6 个问题上达成了共识：促进在"九二共识"基础上，尽速恢复两

---

① 新华网:《北京学者:〈反分裂国家法〉是对台方针政策的法律化》，2005 年 3 月 19 日，http://news.xinhuanet.com/taiwan/2005-03/19/content_2717562.htm，最后访问日期：2010 年 8 月 1 日。

② 中国新闻网:《胡锦涛与连战会谈新闻公报（全文）》，2005 年 4 月 29 日，http://www.chinanews.com/news/2005/2005-04-29/26/569144.shtml，最后访问日期：2019 年 7 月 1 日。

岸平等谈判；坚决反对"台独"，共谋台海和平与稳定；推动结束两岸的敌对状态，促进建立两岸和平架构；加强两岸经贸交流，促进建立两岸经贸合作机制；促进协商台湾民众关心的"参与国际活动"的问题；推动建立"两岸民间菁英论坛"及台商服务机制。[①] 同年 7 月，时任新党主席郁慕明率新党大陆访问团访问大陆。"胡郁会"上，胡锦涛就当前发展两岸关系提出 4 点看法：共同促进中华民族的伟大复兴，坚持一个中国原则，坚决反对和遏制"台独"，切实照顾和维护台湾同胞的切身权益。2005 年度台湾三大在野党的领导人先后访问大陆，极大地改善了两岸关系气氛，有利于推动两岸互信和沟通，使得两岸民间的交流和互动达到了自 1987 年开放交流以来的最高峰。

2005—2007 年间，陈水扁当局的大陆政策更加紧缩，并完全退回到"台独基本教义派"的主张：不承认"九二共识"，坚决反对一个中国原则，更加强调"台湾主体意识"。2005 年 8 月，陈水扁又抛出了所谓的"中华民国四阶段论"。2006 年 2 月，陈水扁宣布终止"国家统一委员会"运作，终止"国家统一纲领"适用，岛内外各界人士对此表示强烈抗议。2007 年，陈水扁在元旦讲话中再次大肆鼓吹"台独"分裂主张，蛮横限制两岸经济交流与合作，破坏两岸关系和平稳定发展。3 月，陈水扁在一个"台独"组织的聚会上，公然抛出"四要一没有"主张，声称"台湾要独立""台湾要正名""台湾要新宪"。这一连串的言行都清晰表露了陈水扁"法理台独"的立场与方向，对两岸关系造成了重大的负面影响。

五、开创两岸关系和平发展新时期（2008—2012）

2008 年 3 月，国民党再度执政。5 月 20 日，台湾地区领导人马英九在就职演说中，用了三分之一的篇幅阐述两岸关系，并由衷地盼望"海峡两岸能抓住当前难得的历史机遇，从今天开始，共同开启和平共荣的历史新页"。在坚持"九二共识"、反对"台独"的共同政治基础上，国共两党都希望恢复海协会和海基会的商谈，尽早实现两岸全面直接双向"三通"。

---

① 新浪网：《胡宋会六项共识震动两岸，台湾结束麦卡锡时代》，2005 年 5 月 16 日，http://news.sina.com.cn/c/2005-05-16/10056654017.shtml，最后访问日期：2019 年 7 月 1 日。

2008 年 12 月 31 日，胡锦涛在纪念《告台湾同胞书》发表 30 周年座谈会上，发表了题为《携手推动两岸关系和平发展，同心实现中华民族伟大复兴》的重要讲话。该讲话第一次提出"实现和平统一首先要确保两岸关系和平发展"的论断："以和平方式实现祖国统一最符合包括台湾同胞在内的中华民族根本利益，也符合求和平、谋发展、促合作的时代潮流。我们一定要以最大诚意、尽最大努力争取祖国和平统一。首先要确保两岸关系和平发展，这有利于两岸同胞加强交流合作、融洽感情，有利于两岸积累互信、解决争议，有利于两岸经济共同发展、共同繁荣，有利于维护国家主权和领土完整、实现中华民族伟大复兴。"①

2008—2012 年是两岸关系和平发展的开创期，是两岸间交流合作与协商谈判成果最丰硕的时期，也是两岸经济、文化、社会等方面联系水平提升最快的时期。这一时期，祖国大陆为推动两岸关系和平发展，主要采取了三个方面的重要举措。

第一，增进两党政治互信。

两岸在事关维护一个中国框架这一原则问题上形成的共同认知和一致立场，成为增进两党政治互信的基石。2008 年 4 月 29 日，胡锦涛在会见中国国民党荣誉主席连战一行时表示，两岸双方应当共同努力，建立互信、搁置争议、求同存异、共创双赢，切实为两岸同胞谋福祉、为台海地区谋和平，开创两岸关系和平发展新局面。②5 月 29 日，胡锦涛与国民党主席吴伯雄举行了会谈，双方就坚持"九二共识"、继续推动落实"两岸和平发展共同愿景"、不断促进两岸关系和平发展等，达成重要共识。③国共两党保持高层交往和良性互动，巩固、增进了两岸基本政治互信，为两岸交流合作、协商谈判营造了必要环境。

第二，深化两岸交流合作。

---

①　人民网：《胡锦涛：携手推动两岸关系和平发展 同心实现中华民族伟大复兴——在纪念〈告台湾同胞书〉发表 30 周年座谈会上的讲话》，2009 年 1 月 1 日，http://cpc.people.com.cn/GB/64093/64094/8611599.html，最后访问日期：2018 年 7 月 3 日。

②　中国网：《胡锦涛会见中国国民党荣誉主席连战一行》，2008 年 4 月 30 日，http://www.china.com.cn/overseas/txt/2008-04/30/content_15038129.htm，最后访问日期：2018 年 7 月 3 日。

③　人民网：《中共中央总书记胡锦涛同中国国民党主席吴伯雄举行会谈》，2009 年 5 月 26 日，http://politics.people.com.cn/GB/1024/7312615.html，最后访问日期：2018 年 7 月 3 日。

2008—2012 年间，两岸交流合作达到了前所未有的水平。首先，两岸实现了全面直接双向"三通"，形成了全方位的交往格局。2008 年 7 月，开放两岸周末包机直航，12 月正式实施空运直航和海运直航，2009 年 8 月正式开通定期航班；2008 年 12 月，全面开办两岸邮政业务；2009 年 6 月 30 日，台湾当局开放大陆企业赴台投资，两岸投资及贸易由过去的以台商投资祖国大陆为主的单向逐步走入双向。其次，"三通"直接促进了两岸经贸交流与合作以及人员往来。根据国台办于 2013 年 1 月 16 日公布的数据可知，2012 年两岸人员往来达797 万人次，再创历史新高，同年大陆居民赴台旅游达到 197 万人次。

第三，推进两会协商谈判。

海协会与海基会相继签署多项协议，解决了诸多关系两岸同胞切身利益的实际问题。2008 年 6 月，海协会与海基会在"九二共识"基础上，恢复中断 9年之久的制度性协商。这一时期，两会相继签署了 18 项协议和达成多项共识，并对协议和共识范围内的两岸交往与合作作出了制度化安排。

六、两岸关系和平发展巩固和深化期（2013—2018）

2012 年以来，两岸关系和平发展由开创期进入巩固深化的新阶段。这一时期，大陆方面坚定不移走两岸关系和平发展道路，巩固和深化两岸关系和平发展的政治、经济、文化、社会基础，稳步推动两岸关系全面发展。

（一）一个中国框架下，两岸制度化协商时期（2013—2015）

两岸在坚持"九二共识"、反对"台独"之共同政治基础上，进一步增进了政治互信，维护了一个中国框架；两岸事务主管部门建立了常态化联系沟通机制；两岸民间政治对话建立了更多机制化交流平台。与此同时，祖国大陆出台了许多便利台湾同胞在大陆学习、就业、创业、生活的政策措施，惠及更多台湾基层民众。

第一，两岸关系的政治基础和两岸高层之间的政治互信进一步巩固增强。

2013 年 6 月 13 日，中共中央总书记习近平在会见中国国民党荣誉主席吴伯雄时表示，希望两党和两岸双方继续增强互信、保持良性互动，稳步推进两岸关系全面发展，巩固深化两岸关系和平发展各项基础。吴伯雄也强调，坚持

"九二共识"、反对"台独"是国共两党一致的立场，是两岸关系和平发展的基础。两岸各自的法律、体制都实行一个中国原则，都用一个中国框架定位两岸关系，而不是"国与国"的关系。

2013 年 7 月 20 日，马英九当选中国国民党主席后，中共中央总书记习近平向其发出贺电。马英九在复电中首次完整地表述了"九二共识"的内涵："1992 年海峡两岸达成'各自以口头声明方式表达坚持一个中国原则'的共识"。此外，马英九还明确指出，两岸人民同属中华民族，都是炎黄子孙，希望国共两党在现有基础上继续扩大、深化两岸的交流合作，促进两岸永续和平与繁荣。① 台湾地区领导人首次呼应大陆方面一个中国框架的主张，使得两岸高层之间的政治互信达到新的高度。

2014 年 3 月"反服贸风波"发生后，岛内出现了一些对两岸关系和平发展的犹疑、质疑声音。对此，习近平总书记明确表示，"两岸关系和平发展大局稳定，经得起风浪考验"，并郑重宣示了四个"不会"：即推动两岸关系和平发展的方针政策不会改变，促进两岸交流合作、互利共赢的务实举措不会放弃，团结台湾同胞共同奋斗的真诚热情不会减弱，制止"台独"分裂图谋的坚强意志不会动摇。

2015 年，由于两岸确立了坚持"九二共识"、反对"台独"的共同政治基础，两岸政治互信续有提升，两岸高层交往得以深化。一方面，大陆方面反复强调"九二共识"的重要性，明确提出若是否认"九二共识"，两岸关系和平发展的成果将会得而复失。另一方面，马英九也多次在重要场合肯定"九二共识"，强调"九二共识"是两岸关系的核心议题，是两岸关系和平发展和稳健前行的基础；还多次批评蔡英文不承认"九二共识"，却提出空洞的维持现状说。2015 年 11 月 7 日，"习马会"在新加坡成功举行。这次会面是两岸中国人持续努力的结果，也是两岸关系和平发展的里程碑，并奠定了未来两岸关系的新基础。

第二，两岸民间政治对话启航，为开启两岸政治对话协商营造了融洽氛围。

---

① 新华网:《中共中央总书记习近平电贺马英九当选中国国民党主席 马英九复电习近平表示感谢》，2013 年 7 月 20 日，http://www.xinhuanet.com/politics/2013-07/20/c_116620818.htm，最后访问日期：2018 年 7 月 17 日。

2013 年 3 月，时任国台办主任张志军在第十一届两岸关系研讨会上发表讲话。在谈及两岸关系中存在的政治难题时提出：一是要正视，不应有人为设置的禁区；二是要积极思考，努力探寻解决之道；三是要先易后难、循序渐进，逐步累积共识。此外，他还鼓励两岸学术机构和有识之士就解决两岸之间的各种问题展开对话，以集思广益、凝聚共识，为将来进行政治商谈逐步创造条件。

2013 年 10 月，由两岸 14 家民间团体和学术机构共同发起举办的首届两岸和平论坛在上海举行。来自两岸的 120 多位智库学者围绕两岸政治关系、两岸涉外事务、两岸安全互信、两岸和平架构 4 项议题展开深入研讨，这是两岸首次大规模的民间政治对话。这次论坛的成功举办，标志着两岸民间政治对话的开启。此后，大陆举办的各类两岸问题研讨会大都将破解两岸政治难题、推动两岸政治协商谈判作为研讨内容之一。两岸民间政治对话有助于消除两岸的隔阂和误解、增进相互理解和信任，为开展政治商谈积累经验，凝聚共识。

第三，两会建立起常态化制度化协商机制。

2013—2015 年间，海协会、海基会签署了一系列协议，并就两岸合作的多项具体事宜进行积极磋商，达成了一些共识，在协议执行方面也取得了积极成效。2013 年 6 月，海协会与海基会负责人在上海签署了《海峡两岸服务贸易协议》；2014 年 2 月，签署了《海峡两岸气象合作协议》《海峡两岸地震监测合作协议》；2015 年 8 月，签署了《海峡两岸避免双重课税及加强税务合作协议》《海峡两岸民航飞行安全与适航合作协议》。自 2008 年 6 月，两会恢复制度性协商以来，双方陆续签署了 23 项协议。

第四，两岸各界巩固并建立更多机制化交流平台。

两岸各界为增进交流，建立了一系列适应形势发展和民意需求的机制化平台。如海峡论坛、两岸经贸文化论坛、两岸企业家峰会、两岸文化创意产业论坛、两岸产业合作论坛、两岸现代农业博览会、两岸信息产业技术标准论坛等。这些平台为两岸民众更直接、广泛和深入的交流互动创造了良好条件。

（二）反"独"促统促融（2016—2018）

2016 年，台湾地区政局发生重大变化，两岸关系和平发展面临一系列严峻挑战：由于台湾当局拒不承认体现一个中国原则的"九二共识"，打破了两岸和平发展的共同政治基础，导致海协会和海基会之间、两岸事务主管部门之间的沟通协商机制停摆，两岸关系重陷僵局；通过制造舆论、修改历史教科书等手段，在思想、文化、历史、教育等诸多领域，全面推动"渐进式台独"；经济上奉行"新南向政策"，积极加入《跨太平洋伙伴关系协定》（TPP），试图摆脱对祖国大陆的经济依赖。

2016 年以来，祖国大陆围绕着"坚定不移推动祖国和平统一进程"这一核心目标，开展了一系列反"独"促统促融工作：

第一，继续坚持体现一个中国原则的"九二共识"，坚决反对和遏制任何形式的"台独"分裂行为。2018 年 3 月，习近平总书记在十三届全国人大一次会议上的重要讲话以及李克强总理所作的《政府工作报告》中，均再次明确表明了坚持一个中国原则，坚持"九二共识"的立场。这既是祖国大陆对两岸关系立场的重申，也是向台湾当局宣示，只有确认体现一中原则的共同政治基础，才能化解两岸关系僵局。

2017 年 3 月 5 日，李克强总理在十二届全国人大五次会议上所作的《政府工作报告》中，首次提出了"绝不允许任何人以任何形式、任何名义把台湾从祖国分裂出去"的"三个任何"表述。[①]《联合报》认为，相较于 2016 年，今年大陆对台工作"反独"力道增强，显示"反独"再次成为大陆对台工作的主调。

2017 年 10 月，习近平总书记在十九大报告中强调，"绝不允许任何人、任何组织、任何政党、在任何时候、以任何形式、把任何一块中国领土从中国分裂出去"；[②]2018 年 3 月，习近平总书记在十三届全国人大一次会议闭幕会上发表重要讲话，全面阐述了对台方针政策和原则立场，对"台独"势力及其分裂活动发出了严重警告："一切分裂祖国的行径和伎俩都是注定要失败的，都会受到人民的谴责和历史的惩罚！中国人民有坚定的意志、充分的信心、足够的能力挫败一切分裂国家的活动！中国人民和中华民族有一个共同信念，这就是：

---

① 人民网：《政府工作报告——2017 年 3 月 5 日在第十二届全国人民代表大会第五次会议上》，2017 年 3 月 17 日，http://sh.people.com.cn/n2/2017/0317/c138654-29868849.html，最后访问日期：2018 年 7 月 2 日。

② 习近平：《决胜全面建成小康社会 夺取新时代中国特色社会主义伟大胜利——在中国共产党第十九次全国代表大会上的报告》，人民出版社，2017，第 57 页。

我们伟大祖国的每一寸领土都绝对不能也绝对不可能从中国分割出去！"①

第二，持续深化两岸经济社会融合发展，推动两岸各领域交流合作。2018年2月28日，国台办、国家发改委经商中央组织部等29个部门发布了《关于促进两岸经济文化交流合作的若干措施》（以下简称"31项惠台措施"），明确了两岸经济社会融合发展的目标任务、基本路径和具体措施。31项惠台措施主要包括两方面的内容：一是积极促进在投资和经济合作领域加快给予台资企业与大陆企业同等待遇；二是逐步为台湾同胞在大陆学习、创业、就业、生活提供与大陆同胞同等的待遇。2018年3月，李克强总理在十三届全国人大一次会议上所作的《政府工作报告》中重申，要继续扩大两岸经济文化交流合作，逐步为台湾同胞在大陆学习、创业、就业、生活提供与大陆同胞同等待遇。②

纵观近40年来的两岸关系，尽管有发展有停滞，但其主流是稳步向前的，并已呈现良性互动的积极态势，步入和平发展的正确轨道。实践充分证明，大陆对台大政方针既是一以贯之、一脉相承的，又是与时俱进、不断发展的，是两岸关系在不同历史阶段始终朝着和平发展的方向前进的重要保障；两岸关系和平发展已成为两岸同胞的主流民意，而台湾当局只有顺应主流民意和历史潮流，才能保证台海局势的稳定和两岸关系的稳定发展。

第二节　祖国大陆对台贸易和投资政策的制定和调整

一、优先发展对台贸易的政策（1979—1985）

（一）对台贸易政策的制定（1979—1981）

1979年元旦，全国人大常委会发表了《告台湾同胞书》，首次提出两岸"尽快实现通航、通邮、通商"。同年5月，大陆颁布了《关于开展对台湾贸易的暂行规定》，明确了对台贸易的机构，"确定了大陆有关贸易机构对台湾厂商和企

---

① 中国政府网：《习近平：在第十三届全国人民代表大会第一次会议上的讲话》，2018年3月20日，http://www.gov.cn/xinwen/2018-03/20/content_5276002.htm，最后访问日期：2018年7月2日。

② 中国政府网：《政府工作报告——2018年3月5日在第十三届全国人民代表大会第一次会议上》，2018年3月22日，http://www.gov.cn/gongbao/content/2018/content_5286356.htm，最后访问日期：2018年7月2日。

业机构直接进行贸易，或者由港澳同胞、海外侨胞居间进行，但不宜由外国厂商或企业做两岸间的转口贸易的原则"。[1] 这一规定将对台贸易定位为具有手段性、功能性与政治性的，不同于一般性对外贸易的贸易往来。1980 年 3 月，大陆又颁发了《购买台湾产品的补充规定》，其中明确规定："凡持有台湾产地证明的货品，其进口视同国内贸易，免征关税；同时规定，凡当进口的日用品，台湾有能力制造的，原则上要向台湾购买。此外，凡台湾商人购买大陆货品，不但优先供应，并有八折以下的优待。"[2] 大陆方面首先单方面向台湾地区产品开放市场，并主动派出大型采购团赴香港采购台湾产品。与此同时，还开放台湾工商企业来大陆投资，设立代表机构，开展业务。

（二）对台贸易政策的调整和对台商投资祖国大陆政策的初步制订（1981—1985）

1979 年 9 月 30 日，叶剑英向新华社记者发表谈话时，提出了九条和平主张，其中明确提出："欢迎台湾工商界人士回祖国大陆投资，兴办各种经济事业，保证其合法权益和利润。"外贸部旋即作出积极回应，"欢迎台湾工商界人士来祖国大陆考察和洽谈；两岸本着互通有无、调剂余缺的精神，进行物质交流；对于直接输入大陆的台湾产品，在办理手续时提供方便；希望两岸经贸官员直接会晤，商讨两岸通商相关事宜"。[3]

为规范业已展开的两岸贸易，杜绝由免征关税的优惠政策引发的一些不法行为，祖国大陆对岛内产品的关税进行调整。1981 年 5 月，"取消了对台湾产品的优惠关税，同时也取消了大陆输往台湾的优惠价格"。[4]1983 年初，开始征收调节税。1985 年 6 月，禁止购买台湾的消费品，并指示台货集中由福建、海南两地负责进口，其他省市不得进行；10 月，又恢复放宽进口台湾产品，但主

---

[1]　曹小衡：《海峡两岸经贸政策互动拐点与宁台经贸合作机遇》，华夏经纬网，2007 后 8 月 14 日，http://www.huaxia.com/zt/jl/07-076/580567 html/，最后访问日期：2009 年 7 月 1 日。

[2]　高希均、李诚、林祖嘉主编：《台湾突破——两岸经贸追踪》，天下文化出版股份有限公司，1992，第 215 页。

[3]　马建离、谭克绳、肖德才主编：《海峡两岸关系 40 年》，湖北教育出版社，1995，第 357 页。

[4]　高希均、李诚、林祖嘉主编：《台湾突破——两岸经贸追踪》，天下文化出版股份有限公司，1992，第 215 页。

要以家电和纺织品两类为主。

在鼓励和吸引台商投资方面，1983 年 4 月，国务院公布了《台湾同胞经济特区投资三项优惠办法》，其中明确规定："台湾同胞在经济特区兴办的独资企业、合资企业或合作经营企业，凡经营期在十年以上的，从获利年度起，第一至第四年免征企业所得税，第五至第九年减半征收企业所得税。上述企业使用进口原材料、零配件、元器件生产的产品，凡属于国内市场有销路又需要进口的，或者投资者提供了先进技术和设备的，允许有 30% 的产品内销；内销产品要按国家规定的渠道销售，并照章征税或补税。上列企业建设期间和投产后五年内，免征土地使用费。"[1]

二、台商投资优惠政策的制定（1986—2000）

（一）对台经贸政策的调整（1986—1991）

1986 年 1 月，外贸部确定了开展对台贸易三原则："凡能直接洽谈、直接运货及能提供台货产地证明者，皆可免税进口。"[2]1987 年 7 月，国务院发布通知，"对台湾地区进出口的商品实行许可证管理制度，并须由对外经贸部审批；经营对台贸易由经贸部负责全面集中管理，并严格限制党政机关、群众团体设立对台贸易机构"。[3]1988 年 12 月，经贸部设立"对台经贸关系司"，从宏观上指导对台经贸工作，专门研究制订对台经贸政策、有关管理办法和规章制度并负责组织实施；管理对台进出口业务以及台商赴大陆投资事宜。1989 年 7 月，外经贸部宣布，从事对台进口贸易的公司限制在 68 家。上述措施改变了各地多头贸易、各自为政的局面，有效维持了两岸贸易的正常秩序。

在间接投资方面，国务院陆续颁布了一系列吸引和鼓励台商投资的法律法规，并不断完善已有的政策措施。1986 年 12 月，颁布了《台胞到大陆经济特区投资优惠办法》，规定台湾地区厂商到经济特区投资办厂，5 年免征所得税，

---

① 中国台湾网：《国务院关于台湾同胞到经济特区投资的特别优惠办法（1983.04.05）》，2005 年 7 月 15 日，http://www.taiwan.cn/tsfwzx/swgc/tzdx/200708/t20070801-410943.html. 最后访问日期：2019 年 7 月 1 日。

② 马建离、谭克绳、肖德才主编：《海峡两岸关系 40 年》，湖北教育出版社，1995，第 357 页。

③ 高希均、李诚、林祖嘉主编：《台湾突破——两岸经贸追踪》，天下文化出版股份有限公司，1992，第 215 页。

其他税率减半；允许产品30%内销；5年免征土地使用费。[①]1988年7月，颁布了《关于鼓励台湾同胞投资的规定》（以下简称"22条"）。这是第一部较为系统的有关台湾同胞来祖国大陆投资、促进两岸经贸关系发展的行政法规。它不仅为台商投资企业提供了重要的法律保障，而且为台商投资企业提供了更加优惠的政策。例如：投资形式更加灵活：规定台商可以开办独资企业、合资企业、合营企业，也可购买股票和债券，购置房产；在税收方面，台资企业进口自用的生活用品和交通工具，进口用于生产出口产品的原材料、散件、零部件等均可免缴进口关税和工商统一税；经营期限方面，独资企业的经营期限可由投资者自行确定，合资经营企业和合作经营企业的经营期限由合资或者合作各方协商确定，也可以不规定经营期限。1989年3月，规定台胞可以在沿海地区从事土地经营开发，并可以拥有公司股票、债券和不动产的购买权。[②]1989年5月，国务院同意设立泉州台商投资区，扩大厦门经济特区，扩大马尾开发区，并开发杏林、海沧两地为台商投资区。

（二）对台经贸政策法制化（1992—2000）

为了保护和鼓励台湾同胞投资，促进海峡两岸经济发展，全国人大常委会于1994年3月5日通过了《中华人民共和国台湾同胞投资保护法》（以下简称"保护法"），它是祖国大陆第一部涉台专门法律，标志着涉台法律规范由行政法规上升到法律层次。一方面，该法重申了"22条"中的有关规定，如国家依法保护台湾同胞投资者的投资、投资收益和其他合法权益，对台湾同胞投资者的投资不实行国有化和征收；重申台湾同胞投资企业经营管理的自主权不受干涉等；另一方面，进一步完善了保护台胞投资权益的政策和措施。如在台湾同胞投资企业集中的地区，可以依法成立台湾同胞投资企业协会，其合法权益受法律保护。该法实施后，各地在积极贯彻执行"保护法"的基础上，制定了符合本地区实际情况的地方性法规，如《厦门市台湾同胞投资保障条例》《广东省实施〈台湾同胞投资保护法〉办法》等。这些地方性法规是对祖国大陆涉台法律、行政法规的补充和完善，在保障台商权益方面发挥着重要作用。1999年12月5

---

①　马建离，谭克绳，肖德才主编：《海峡两岸关系40年》，湖北教育出版社，1995，第358页。

②　马建离，谭克绳，肖德才主编：《海峡两岸关系40年》，湖北教育出版社，1995，第359页。

日，国务院颁布了《中华人民共和国台湾同胞投资保护法实施细则》（以下简称"实施细则"）。与1994年的"保护法"相比，"实施细则"对五个方面的内容进行了细化和充实：保护规定的细化，投资形式、投资主体和投资西部条件更加宽松和更加优惠，优惠待遇和提供便利，对政府相关部门的职责及行为的规范，对仲裁机构的规定。[①]"22条""保护法""实施细则"等一系列专项性涉台投资法律法规的颁布实施，对保护和鼓励台湾同胞对祖国大陆投资，促进两岸经贸关系发展发挥了十分重要的作用。

在两岸贸易方面，为便于祖国大陆沿海省市与台湾地区的货物交流，引导海峡两岸民间小额贸易正常开展，外经贸部、海关总署于1993年9月发布了《对台湾地区小额贸易的管理办法》，其中明确规定，对台小额贸易是指台湾地区居民在大陆沿海指定口岸（福建、广东、浙江、江苏、山东、上海）依照有关规定进行的货物交易；对台小额贸易只能由台湾地区居民同大陆的对台小额贸易公司进行；其所经营的货物限于非国家专营、禁止、限制进出口的，非进出口配额许可证管理的货物等。为促进海峡两岸间航运事业的发展，维护正常航运秩序，发展两岸经贸关系，交通部和外经贸部分别于1996年8月公布了《台湾海峡两岸间航运管理办法》《台湾海峡两岸间货物运输代理业管理办法》。1997年4月，福州、厦门至台湾高雄港的试点直航启动，结束了两岸48以年来商船不能直接通航的历史。1998年起，两岸贸易货运船舶经第三地换单不换船，一船到底航行两岸。

1994年8月1日，国务院颁发了《关于进一步发展海峡两岸经济关系若干问题的决定》。它涵盖了吸引台商投资、开展两岸农业合作、加强两岸科技合作和交流、积极扩大对台贸易、开展对台劳务合作、改善投资环境、加强对台经济工作领导等方面的内容；确立了发展海峡两岸经济关系的总方针是"积极主动、发挥优势、互补互利、共同发展"。在台商投资方面，强调要对台商投资的项目、方式及领域，采取"同等优先、适当放宽"的原则；要大力改善投资环境，为台商投资创造更有利的条件；要继续发展两岸贸易，努力扩大对台出口，促进两岸直接"三通"。在对台贸易方面，强调要坚持"直接双向、互利互惠、

---

① 张春英：《中共对台经贸政策30年发展演变》，《党史研究与教学》2008年第6期，第8页。

形式多样、长期稳定、重义守约"的原则，积极扩大对台贸易，促进直接通商。1995年1月30日，江泽民发表了题为《为促进祖国统一大业的完成而继续奋斗》的重要讲话。讲话中提出：要大力发展两岸经济交流与合作；不以政治分歧去影响、干扰两岸经济合作；不论在什么情况下，都将切实维护台商的一切正当权益；采取实际步骤，加速实现直接"三通"。这些政策和措施，无疑都极大地促进了两岸经贸关系的发展。

三、构建政党交流平台，开启互利双赢（2001—2008）

（一）政党交流平台的构建（2001—2007）

2005年4月的"胡连会"揭开了国共两党正视现实、开创未来的新的一页，具有里程碑式的重大意义。会后双方共同发布了"两岸和平发展共同愿景"，并提出双方将建立党对党定期沟通平台。为充分发挥两党交流平台作用，2006—2007年间共举办了三次论坛，并取得了重要成果。

2006年4月14日至15日，首届两岸经贸论坛在北京举行。论坛以"两岸经贸交流与直接通航"为主题，围绕"两岸经贸交流对双方经济发展的影响""两岸农业交流和合作""两岸直航对产业发展策略""两岸观光交流对于双方经济发展的影响""加强两岸金融交流"等议题进行了深入研讨。在开幕式上，时任全国政协主席贾庆林出席开幕式并发表演讲，并在演讲中就全面深化和扩大两岸经济交流合作，提出四点建议：以为民谋利为出发点，实现两岸经济共同发展繁荣；以直航为突破口，开创两岸经济关系正常发展的新局面；以提高技术水平和竞争力为重点，促进两岸经济关系持续、健康发展；以加强交流沟通为途径，广泛凝聚两岸促进互利合作的智慧和力量。在闭幕式上，大陆方面通报了将进一步采取的促进两岸交流合作、惠及台湾同胞的15项政策措。该论坛是落实2005年"胡连会"新闻公报的重要举措之一，充分展现了国共两党为两岸同胞福祉的真诚愿望和实际努力，具有里程碑式的重大意义。

为了落实2005年"胡连会"新闻公报中"加强农渔业合作，解决台湾农产品在大陆的销售问题"的内容，2006年10月17日至18日，两岸农业合作论坛在海南博鳌举行。活动内容包括两岸农业合作论坛、两岸农业合作成果展览暨项目推介会、参观考察大陆设立的海峡两岸农业合作试验区。其中，两岸农业合作论坛主要围绕"加入WTO后两岸农业合作面临的机遇和挑战""当前两岸农业合作模式的探讨""两岸农业合作发展中的问题和对策"进行深入探讨，为解决两岸农业合作中的一些实际问题提出切实有效的方案。会后，大陆方面宣布了20项扩大和深化两岸农业合作的新政策措施，主要涉及四个方面的内容：一、进一步完善两岸农业合作试验区和台湾农民创业园建设；二、鼓励和支持两岸农业合作与技术推广，扩大合作领域；三、优化服务，便利两岸农产品贸易和大陆台资农业企业产品销售；四、保护台湾农产品知识产权，维护台湾农民正当权益。这些政策措施为两岸农业合作走向互利双赢铺平了道路，并且掀起了两岸农业合作的热潮。

2007年4月28日至29日，第三届两岸经贸文化论坛在北京举行。这次论坛的主题是"两岸直航、旅游观光、教育交流"，围绕海上直航、空中直航、"小三通"、两岸教育事业的发展与交流合作、观光旅游五大议题进行了深入探讨，并在会后宣布了13项惠台措施。这13项措施充分展现了大陆方面释放惠台善意更加深入、细密，受益面几乎涵盖台湾各阶层群体。

这三次论坛出台的一系列惠台政策和措施，解决了两岸经贸交流中存在的诸多实际问题，为两岸经贸合作铺平了道路，对构建和平稳定的两岸关系产生了积极影响。

（二）互利双赢的开启（2008）

2008年，马英九当选台湾地区领导人后，台湾局势发生了积极变化，两岸关系发展面临着难得的历史机遇。3月4日，胡锦涛看望参加全国政协十一届一次会议的民革、台盟、台联委员时指出，台湾任何政党，只要承认两岸同属一个中国，我们都愿意同他们交流对话、协商谈判。谈判的地位是平等的，议题是开放的，什么问题都可以谈。在此背景下，"胡萧会""胡连会""胡吴会"以及中断15年的"两会会谈"均陆续登场。

2008年4月11日至13日，博鳌亚洲论坛第七届年会在海南博鳌隆重召开。12日，胡锦涛和萧万长举行了20分钟的会谈。由于萧万长是新当选的台湾地区副领导人，所以此次"胡萧会"是继2005年"胡连会"之后，大陆领导人与台方最高层级的互动，成为两岸关系的重要分水岭。会谈中，萧万长谈及两岸关系时指出，希望双方能正视现实、开创未来，搁置争议，追求双赢，为两岸关系开创互信、互谅、互助、互利的新时代。在 13 日举行的"台湾经济与两岸经贸展望"圆桌会议上，两岸达成四项共识：一是更加密切的两岸经贸关系对两岸有利，更是大势所趋；二是在当前发展两岸经贸关系的有利条件下，两岸之间更应该携手合作，共谋发展；三是实现"三通"和两岸经贸关系正常化是当务之急；四是在一个中国原则下，尽快建立起沟通协商平台。

2008 年 4 月 29 日，胡锦涛在与时任中国国民党荣誉主席连战会谈时指出，当前台湾局势发生了积极变化，两岸关系呈现出良好发展势头。对于两岸关系发展面临的一些历史遗留问题和今后出现的新情况新问题，只要双方以两岸同胞福祉为念、以两岸关系和平发展大局为重，建立互信、搁置争议、求同存异、共创双赢，就一定能够找到解决问题的办法。

2008 年 5 月 28 日，胡锦涛与时任同中国国民党主席吴伯雄会谈时指出，两岸双方应该在"九二共识"基础上尽快恢复海协会和海基会的交往协商，通过平等协商务实解决两岸间的有关问题。而两会恢复协商后，首先要解决当前两岸同胞最为关心的两岸周末包机、大陆居民赴台旅游问题。此外，他还强调，2005 年以来，国共两党举办论坛、开展基层党务交流取得了良好成效，对促进两岸关系发展产生了重要影响。新形势下，国共两党应该继续交流对话，发挥交流平台的作用。这次会谈是新形势下国共两党领导人的首次会谈，就促进两岸关系改善和发展达成了广泛共识，意义重大。

2008 年 6 月 12 日，海协会会长陈云林与海基会董事长江丙坤在北京举行了会谈。这是两会领导人十年来的首次会谈，标志着中断九年的两会制度化协商正式恢复。双方就尽快解决两岸周末包机和大陆居民赴台旅游两项议题交换了意见，并在会后签署了《海峡两岸包机会谈纪要》《海峡两岸关于大陆居民赴台湾旅游协议》。根据这两项协议，两岸周末包机和大陆居民赴台旅游分别从2008 年 7 月 4 日和同年 7 月 18 日起正式实施。

四、新形势下的惠台经贸政策（2009—2018）

1979—2018 年间，祖国大陆各项惠台政策在两岸经贸往来中发挥了至关重要的激励和促进作用。祖国大陆自改革开放以来，就陆续出台了一系列推进两岸经贸发展的政策和措施，其中，具有里程碑意义的法律法规有：1988 年的《关于鼓励台湾同胞投资的规定》，1994 年的《台湾同胞投资保护法》，1999 年的《台湾同胞投资保护法实施细则》。这些法律法规的颁布实施，对保护和鼓励台湾同胞对祖国大陆投资，促进两岸经贸关系发展发挥了十分重要的作用。

2008 年 5 月，马英九就任台湾地区领导人后，两岸两会恢复了协商谈判，两岸关系走上了制度化的协商轨道。祖国大陆借由两会商谈、海峡论坛、两岸经贸文化论坛等制度化沟通平台，公布了一系列惠台经贸政策。这些优惠政策涵盖对台产品的采购、对台进口商品减免关税、陆资与陆客入台、两岸合资企业的融资等领域。大陆方面实施的让利于台湾的优惠政策，主要包括以下几类：

第一，两岸建立了不同性质、不同层级的经济合作机制化平台和沟通协商机制。自 2008 年 6 月两会在"九二共识"基础上恢复协商以来，到 2016 年 5 月，两岸先后签署了 23 项协议，解决了一系列两岸同胞关心的经济、社会、民生问题，并对协议范围内的两岸交往与合作作出了制度化安排。其中，两会于 2010 年 6 月签署的《海峡两岸经济合作框架协议》（ECFA）最具影响力。该协议进一步增进了海峡两岸的贸易与投资关系，标志着两岸经济关系跨入了互利双赢、合作发展的新时代。这一时期，两岸商谈的主要成果包括：促成了两岸全面、直接、双向的"三通"，实现了大陆企业赴台投资，开放了大陆居民赴台旅游，推进了经济合作制度化，建立了食品安全、农产品检验检疫、知识产权、医疗卫生、核电安全等领域的合作规范，促进了两岸司法领域的交流合作。

第二，对台产品采购规模扩大，成为常态化贸易。2009 年首届海峡论坛提出，组织农产品采购团，采购台湾地区的水果、蔬菜、水产品及农产加工品，组织企业采购团，采购台湾地区的工业消费品、日常生活用品、食品深加工产品和特色工艺商品。自此以后，对台产品采购范围和规模不断扩大。以水果为例，从首届海峡论坛开始，祖国大陆发布的惠台举措中，都有采购台湾地区水果的内容。如第三届海峡论坛上，厦门宣布对进口台湾地区水果的企业予以奖励，并为台湾地区农产品的进口设定了一些通关的便利措施。2016 年上半年，祖国大陆进口台湾地区水果的数量已占到台湾地区水果总出口量的 70%。常态化采购台湾农产品，既满足了大陆消费者的消费需求，又带动了台湾地区出口的增长。

第三，实施关税减免、"绿色通道"等便利台湾地区农产品在大陆市场销售的政策。2011 年 1 月 1 日起，ECFA 早期收获计划全面实施，祖国大陆对台湾地区列入 ECFA 早收清单中的 539 项产品实施进口零关税。两岸直航的实现以及 ECFA 早期收获计划的实施，降低了两岸进出口贸易所需的时间成本和经济成本。此外，大陆海关与国家质检总局等相关部门也先后推行了一系列方便台湾地区农产品在祖国大陆销售的政策措施。例如，台湾地区鲜活农产品在大陆运输可以享受"绿色通道"，提高鲜活农产品的通关效率。2007 年，祖国大陆成为台湾地区农产品最大的出口市场。

第四，积极鼓励并推动大陆企业赴台考察、投资。2009 年 5 月，商务部、国台办发布了《关于大陆企业赴台湾地区投资或设立非企业法人有关事项的通知》，明确了大陆企业赴台湾地区投资的办理程序。尽管台湾当局对陆资入台设置了投资领域、投资规模等诸多限制，但毋庸置疑的是，陆资入台为台湾地区经济发展引入了"活水"，也为两岸企业携手开拓全球市场创造了更多的契机。

第五，持续关注并扶持台资企业在祖国大陆的发展。2009 年，首届海峡论坛公布的惠台措施中明确提出，鼓励和支持有条件的台资企业拓展大陆市场并参与大陆扩大内需的基础设施和重大工程建设。2010 年，第二届海峡论坛宣布，继续在鼓励台资企业转型升级、简化审批程序、帮助融资贷款等方面改进服务。2012 年，第四届海峡论坛宣布，为继续支持台资企业发展，大陆的工商银行、中国银行、建设银行以及国家开发银行将在未来 3 年到 4 年内，对在大陆的台资企业再提供 6000 亿元人民币的贷款额度。

第六，为深化两岸产业交流与合作，大陆先后在福建、广东、江苏等地设立了农业合作试验区、产业合作试验区、自由贸易试验区等。以农业合作试验区为例，祖国大陆的农业资源丰富，市场广大，但科技水平不高；而台湾地区的农业种植技术和管理水平较为先进，但农业资源短缺，劳动力成本高。因此，建立两岸农业合作试验区既可以解决岛内发展空间狭窄和土地、劳动力资源稀缺的问题，又可以为大陆农业的产业化经营、结构调整提供宝贵的经验。

2013 年 2 月，国务院正式批复同意设立昆山深化两岸产业合作试验区，并赋予其在研发服务、金融业开放、台湾地区商品检验检疫等方面的优惠政策。截至 2018 年 5 月，昆山试验区已引资 58.6 亿美元，台商投资项目 597 个。台湾地区排名前一百位的制造业企业中，已有 70 多家企业先后在昆山试验区投资设立了近百家企业，基本形成了光电显示、智能终端、装备制造等完整产业链。

2014 年 12 月，为充分发挥福建对台优势，推动闽台之间投资贸易自由化和资金人员往来便利化，国务院批准成立了中国（福建）自由贸易试验区。该自贸区包括平潭、福州和厦门三个区域，每个区域具有不同的功能定位：平潭片区重点建设两岸共同家园和国际旅游岛。厦门片区重点发展两岸新兴产业和现代服务业合作示范区、东南国际航运中心、两岸区域性金融服务中心和两岸贸易中心。福州片区重点建设先进制造业基地、21 世纪海上丝绸之路沿线国家和地区交流合作的重要平台、两岸服务贸易与金融创新合作示范区等。福建自贸试验区率先实施了闽台联动的口岸监管机制，允许自贸试验区银行业金融机构与台湾同业开展跨境人民币借款等业务，以期建设成为"深化两岸经济合作示范区"。

近年来，祖国大陆的惠台经贸政策不但开放幅度大、利益空间广阔，而且更加关注与贴近台湾地区基层民众的需求和利益。例如，ECFA 早期收获计划中，特别针对台湾地区传统中小企业及农业实施让利。祖国大陆承诺对台湾地区降税产品中有近一半属于敏感性传统产业、中小企业，包括汽车零组件、内衣、小家电等产品。ECFA 早收清单的落实，将会使这些产品获得 10% 以上的关税减免。不难看出，祖国大陆惠台经贸政策的核心诉求在于：通过推动和助力台湾地区经济发展，更大范围地惠及台湾地区民众；通过进一步深化两岸经贸交流合作，推动两岸关系和平发展。

第三节 祖国大陆对台政策对于台湾地区主要外贸市场转移所产生的影响

大陆对台经贸政策是开启和推动两岸经贸关系的主导性因素和决定性因素，其主要表现在两个方面：其一，在大陆对台经贸政策的影响下，台湾当局的大陆政策发生了积极的变化；其二，随着两岸关系的互动和调整，两岸间的贸易往来和台商对祖国大陆的投资从无到有，逐渐扩大。

一、台湾地区经贸政策的转变

（一）放宽祖国大陆产品进口限制，默认两岸转口贸易（1979—1987）

在祖国大陆积极务实的经贸政策的推动下，台湾地区的大陆经贸政策发生了积极的变化。20世纪80年代初，台湾地区的大陆经贸政策出现了某些松动迹象，这突出表现在开放大陆农工产品进口方面。例如，台湾当局于1977年颁布的"取缔匪伪物品办法"规定："除中药材或某些农工原料可以从香港进口外，其余货物如经海关认定是来自大陆地区，一律没收。"[1]1979年12月26日的《经济日报》报道："当局决定开放729种农工产品可自由进口，解除原有对采购地区和申请资格的限制，其中包括从港、澳地区进口的产自大陆的中药、食品、纺织品等。"[2]与此前政策相比，这一规定虽然有意放宽对大陆货物的进口限制，但仍为两岸经贸往来设置了诸多障碍，如规定"岛内厂商不得以任何方式进口上述产品，否则，一经发现，将处以罚款，没收货物，甚至判刑或拘役"。[3]与此同时，在"三不政策"的指导下，台湾当局对两岸通商问题持绝对否定的态度，并一再声称，不与祖国大陆进行任何形式的贸易，是既定的政策。

20世纪80年代前期，台湾地区的有识之士纷纷呼吁，台湾当局应改变僵化的大陆政策，发展同祖国大陆的经济关系。台湾当局虽然并没有对大陆经贸政策作出实质性的调整，但还是放宽了"自港澳地区转口输入台湾的1157种大

---

[1] 高希均、李诚、林祖嘉主编：《台湾突破——两岸经贸追踪》，天下文化出版股份有限公司，1992，第217页。

[2] 陈崇龙、谢俊主编：《海峡两岸关系大事记》，中共党史出版社，1993，第229页。

[3] 马建离，谭克绳，肖德才主编：《海峡两岸关系40年》，湖北教育出版社，1995，第362页。

陆产品的限制"。[①]1984 年 7 月，台湾当局首次公开表示，对两岸转口贸易采取默许的态度。紧接着，岛内的一些半官方机构也纷纷表态，称"两岸间的转口贸易是自由贸易活动中的一种正常现象，并不值得怀疑或干预限制"。[②]1985 年 7 月，面对不断增长的两岸转口贸易，台湾当局首次公开宣布转口贸易"三原则"，即"不得与中共直接贸易；厂商不得与中共机构及人员接触；'政府'对于转口贸易的基本立场是不干涉"。[③]台湾当局虽然公开宣布"对转口贸易不加任何限制"，但又同时规定"只限于单向进行"，且再次明令禁止台湾地区业者与祖国大陆接触、通商，违背者将会依法严惩。

（二）放宽台商赴大陆投资设厂的限制（1988—1992）

20 世纪 80 年代后期，随着两岸转口贸易取得了突破性进展，海内外学术界提出了关于两岸经济一体化的多种设想，呼吁开放两岸通商，发挥比较优势，打造两岸共同市场。如林邦充提出的"华人共同市场"、郑竹园提出的"大中华共同市场"、李自福提出的"经济大中国"、高希均提出的"亚洲华人共同市场"等。这些设想不仅在海内外引起巨大反响，还在一定程度上间接推动了台湾当局大陆政策的调整。

1987—1992 年间，台湾当局陆续放宽了多项对大陆农工原料进口的限制。如 1987 年 7 月宣布，"厂商可以申请从香港等地转口输入产自大陆的红枣、当归、人参、枸杞一类中药。月内又宣布，准许 27 种大陆农工原料合法进口，本年底又放宽到 29 种"。[④]1988 年 3 月，又宣布放宽 100 多种大陆农工原料进口限制；8 月公布了确定 50 种大陆产品可间接输入，至 12 月又扩增至 90 项。1988 年上半年，台湾当局又颁布了比"转口贸易"三原则更为宽松的"不予追究"的三项原则，即台商从事第三地区间接贸易，"政府"无法管制，不予追究；台商属于贸易层面的商务接触，不予追究；台商自外输入的机器设备里面

① 陈崇龙、谢俊主编：《海峡两岸关系大事记》，中共党史出版社，1993，第 261 页。
② 陈崇龙、谢俊主编：《海峡两岸关系大事记》，中共党史出版社，1993，第 268 页。
③ 高希均、李诚、林祖嘉主编：《台湾突破——两岸经贸追踪》，天下文化出版股份有限公司，1992，第 85 页。
④ 陈崇龙、谢俊主编：《海峡两岸关系大事记》，中共党史出版社，1993，第 285 页。

含有大陆半成品，不予追究。[①]1989 年 6 月，台湾当局废止了"取缔匪伪物品办法"，代之以"大陆地区物品管理办法"，并对输入岛内的大陆货品进行间接征税，这就相当于承认了大陆物品间接输入的合法性。

20 世纪 80 年代后期，面对祖国大陆各种优惠政策所引发的台商赴大陆考察和投资热潮，台湾当局不但没有因势利导地出台相应的政策和措施，反而再三禁止岛内厂商直接赴祖国大陆投资设厂。直到 1988 年，在台商对祖国大陆投资再掀热潮的冲击下，台湾当局才宣布对祖国大陆经贸资讯"全面解禁"，并选择性地放宽了台商到祖国大陆投资设厂的条件："在台湾已无生存空间的产业，且当局又没有妥善的辅导办法，到大陆设厂也不会对台造成严重影响，可对它们适度考虑放宽。"[②]与此同时，台湾当局又再三明令禁止岛内工商界赴祖国大陆从事直接投资、技术合作或贸易等商业活动，违者必将依法严惩。进入 90 年代后，随着土地及劳力成本高涨、台币升值、环保及劳工意识抬头等问题的进一步凸显，劳动密集型企业的生产成本大幅提高，利润空间进一步缩小，岛内大量的中小企业纷纷赴祖国大陆投资设厂。在此背景下，台湾当局于 1990 年 10 月出台了"对大陆地区从事间接投资或技术合作管理办法"，有条件地开放台商间接对大陆投资，即采取"正面表列"的形式开放 67 类 3353 项产品准许经第三地间接赴大陆投资或技术合作；允许在限定之前到祖国大陆投资的厂商在半年内登记报备，进行"事后登记"。1992 年，台湾当局对劳动密集型产业、资金和技术密集型产业分别制定了"从宽开放""投资从严、贸易从宽"的投资政策。台湾当局公开承认，台商赴大陆投资只要能符合当局规定的条件，就可以取得其"合法性"。

（三）对两岸贸易和台商投资祖国大陆的间接管制（1993—1999）

在两岸贸易管制方面，台湾当局于 1993 年 4 月颁布了"台湾地区与大陆地区贸易许可办法"，以所谓的不危害"国家"安全、对相关产业无重大不良影响为标准，制定了从祖国大陆间接进口产品的"正面表列"许可名单，对台湾

---

① 高希均、李诚、林祖嘉主编：《台湾突破——两岸经贸追踪》，（台北）天下文化出版股份有限公司，1992，第 86 页。

② 陈崇龙、谢俊主编：《海峡两岸关系大事记》，中共党史出版社，1993，第 298 页。

地区出口祖国大陆的产品没有作出任何限制。1995 年，台湾当局改采"原则许可、例外禁止"的"负面表列"形式，大幅度地开放祖国大陆产品的进口范围。1996 年 7 月，台湾当局又以"负面表列"的形式开放 4300 项祖国大陆工业产品进口，开放率达到了 57.7%。[①]

在投资管制方面，台湾当局于 1993 年 3 月颁布了"在大陆地区从事投资或技术合作许可办法"，将赴祖国大陆投资或技术合作的项目分为"准许类""禁止类""专案审查类"三大类。其中明确规定，对祖国大陆投资额在 100 万美元以下的申请案，可以经由第三地转移资金，无须再在第三地设立公司；但对祖国大陆投资额在 100 万美元以上的，必须在第三地设立公司，经由第三地间接投资祖国大陆。对于违反规定，直接投资祖国大陆的厂商，将依照"国安法"与"刑法"追究责任。1993 年 12 月，台湾当局在颁布"在大陆地区从事投资或技术合作审查原则"的同时，公布了"在大陆地区从事投资或技术合作之准许类及禁止类产品项目表"。1996 年 6 月，增列了准许类、专案审查类赴祖国大陆投资的项目，并开放证券商赴祖国大陆投资，设立、经营证券投资信托事业，证券交易所等。

20 世纪 90 年代中期以来，两岸经贸依存度持续攀升。据台湾当局统计，1991 年两岸经贸依存度为 6.2%，1994 年为 10.02%，1995 年为 10.46%，1996 年为 10.95%。为降低台湾地区对祖国大陆的经济依赖，转移台资"西进"热潮，台湾当局以所谓"经济过度依赖大陆""产业空洞化"为由，于 1994 年首次提出了"南向政策"，即以国民党党营事业为先锋，鼓励台商赴东南亚投资设厂。

1996 年 9 月，李登辉在台湾工业总会召开的第三届经营者大会上提出："我们要必须秉持'戒急、用忍'的大原则，来因应两岸当前的关系。"随后，台湾当局"经济部"制定了台商赴祖国大陆投资的新规范。"戒急用忍"政策主要包括四个方面的内容：第一，将台商赴祖国大陆投资或技术合作的产品、经营项目分为"禁止类""许可类""专案审查"三大类。第二，禁止台商赴祖国大陆投资 13 项重大基础建设项目，主要包括铁路、公路、机场、地铁、水利、发

---

① 翁淑贞：《台湾大陆经贸政策变迁之研究——从"积极开放、有效管理"到"积极管理、有效开放"》，硕士学位论文，台湾大学国家发展研究所，2007，第 31 页。

电、输电、工业区开发等项目。第三，规定台商赴祖国大陆投资累计金额的上限。其中，资本额在 6000 万新台币以下的中小企业基本不设限；资本额或净值在 50 亿新台币以下的上市、上柜公司的投资上限为 40%，50 亿新台币至 100 亿新台币的为 30%，超过 100 亿新台币的为 20%。第四，规定台商赴祖国大陆投资的个案金额不得超过 5000 万美元的上限。

"戒急用忍"政策的实质是，在政治上追求与祖国大陆"对等"的地位。为了达到这一目的，李登辉当局将"两岸关系以经贸为主轴"调整为"经贸行为仅为大陆政策的一环，不应躁进"，从而大力限制两岸经贸往来。虽然 1996—1999 年间，台商对祖国大陆的投资在台湾地区整体对外投资中的比重逐年下降，但从 2000 年开始，台商对祖国大陆的投资在台湾地区整体对外投资中的比重又逐渐上升。[①] 另外，台商在祖国大陆投资的热点地区也由珠三角转移到了长三角，投资产业结构也从劳动密集型产业转移到了以石化、机械、资讯等为代表的资本、技术密集型产业。这些迹象充分表明，"戒急用忍"政策虽然稍微抑制了台商投资祖国大陆的热潮，但对两岸经贸往来并未造成太大的影响。

（四）从"积极开放、有效管理"到"积极管理、有效开放"（2000—2008）

民进党执政之初，由于在两岸经贸政策上继续奉行"戒急用忍"政策，导致台商对祖国大陆的投资热潮在 90 年代末出现了稍微冷却，但 2000 年，两岸经贸往来又呈现出热络景象，台商对祖国大陆的投资在台湾地区整体对外投资中的比重高达 33.93%，而台商对祖国大陆的贸易总额也出现了 18.1% 的高增长。因此，为了因应全新的经济形势，提升台湾企业全球竞争力，台湾当局提出了关于两岸经贸政策的新思维，试图将两岸经贸等课题纳入全球市场来考量。

2001 年 8 月，陈水扁在"经济发展咨询委员会会议"上正式建议用"积极开放，有效管理"新政策取代"戒急用忍"政策，并提出以"台湾优先""全球布局""互惠双赢""风险管理"作为两岸经贸发展的基本原则。随后，时任陆委会主委的蔡英文也在记者会上表示："已经将以往的'戒急用忍'政策调整成

① 翁淑贞：《台湾大陆经贸政策变迁之研究——从"积极开放、有效管理"到"积极管理、有效开放"》，硕士学位论文，台湾大学国家发展研究所，2007，第 41 页。

'积极开放，有效管理'的新政策，也将以往的间接经贸往来改为直接往来，同时开放直接通汇。"

"积极开放，有效管理"政策的主要内容包括以下六点：第一，将台商赴祖国大陆投资或技术合作的产品、经营项目从"戒急用忍"时期的"禁止类""许可类""专案审查类"简化为"禁止类""一般类"。其中，"一般类"的项目只要通过个案审查，就可赴祖国大陆直接投资，无须在第三地成立子公司。第二，台商赴祖国大陆投资产业项目开放与禁止检讨的原则是：凡有助于提高岛内产业竞争力、提升企业全球运筹管理能力者，应积极开放；岛内已无发展空间，需赴祖国大陆投资方能维系生存发展者，不予限制；赴祖国大陆投资可能导致少数核心技术移转或流失者，应审慎评估。第三，取消了台商赴祖国大陆投资个案金额不得超过 5000 万美元的上限，将个人及中小企业赴祖国大陆投资累计金额的上限由 6000 万新台币放宽为 8000 万新台币。第四，准许未经核准赴祖国大陆投资厂商补报备登记。第五，检讨放宽上市、上柜公司及其他个别企业在祖国大陆投资累计金额上限等有关限制。第六，建立台商赴祖国大陆投资动态调节机制以及两岸资金灵活流动机制。

与"戒急用忍"政策相比，"积极开放、有效管理"政策的开放幅度进一步加大。如在"积极开放"部分，取消个案投资金额不得超过 5000 万美元的上限，开放企业直接赴祖国大陆投资，放宽厂商赴祖国大陆投资额至净值 40%，等等。在"有效管理"部分，重视产业面的全球布局和资金的风险分散，从总体经济层面架构大陆投资安全网，建构动态调节机制，等等。

"积极开放、有效管理"新政策实施数年后，台湾当局认为其过于重视"开放"，不仅导致了贸易、投资对祖国大陆市场的依赖程度持续加深，还进一步导致了台湾地区的产业空洞化、经济边陲化、结构性失业等。陈水扁在 2006 年的元旦讲话中称，当局必须"积极"负起"管理"的责任，才能"有效"降低"开放"的风险。因此，"'积极管理、有效开放'将是未来两岸经贸政策的新思维与新作为。因应国际激烈的竞争，唯有落实'深耕台湾、布局全球'的经济发展策略，而非仅仅依附一个特定的市场或单一经济体"。由此不难看出，台湾当局的两岸经贸政策无论是"积极开放，有效管理"，还是"积极管理，有效开放"，其根本出发点都是要减少对祖国大陆经济的依赖程度。

（五）调整大陆经贸政策，推动 ECFA 后续协商制度化（2009—2015）

2009—2015 年间，台湾地区制定、实施的一系列对祖国大陆经贸政策主要包括：

第一，首次把两岸经贸合作纳入"经济动能推升方案"。2012 年 9 月，台湾当局公布了"经济动能推升方案"。该方案旨在通过推动产业多元创新、积极拓展出口市场、强化培训和引进产业人才、加大投资与基础设施建设等措施，来改善经济制度，提升因应景气循环波动的能力，解决岛内产业结构失衡等问题。[①] 为此，台湾当局将重点发展两岸特色金融业务，扩大开放岛内人民币业务，放宽两岸货品贸易和陆资参与岛内公共建设项目限制，大幅减少对大陆出口产品的限制等。[②]

第二，加快 ECFA 后续协商制度化。自 2010 年 6 月 ECFA 签订以来，两岸相继签署了《海峡两岸投资保护与促进协议》《海峡两岸海关合作协议》《海峡两岸货币清算合作备忘录》《海峡两岸服务贸易协议》《海峡两岸避免双重课税及加强税务合作协议》等后续协议。这些协议明确规定了两岸之间相互投资待遇、投资便利化、损失补偿及争端解决等事宜，进一步消除了投资贸易壁垒，打通了两岸物流合作与资金流通的渠道，真正实现了两岸间"货币直航"。

此外，2011 年 4 月的首次两岸银行业监管磋商会议上，双方就扩大合格境外机构投资者投资额度、陆资企业赴台挂牌（T 股）等议题达成了协议。2013 年 4 月的第三次两岸银行业监管磋商会议上，台湾方面金融监督管理机构表示，将放宽大陆银行在台参股的比重，其中单一大陆银行投资台湾上市银行和金控公司的持股比例由 5% 增至 10%，投资台湾未上市银行和金控公司持股比例提高到 15%，参股金融控股公司子银行的持股比例最高可达到 20%。[③]

---

① 周丽群：《台"经济动能推升方案"能效几何？》，《国际商报》2012 年 12 月 3 日，第 A3 版。

② 李鸿阶：《台湾大陆经贸政策变化与深化两岸经济合作研究》，《台湾研究》2014 年第 4 期，第 36 页。

③ 李鸿阶：《台湾大陆经贸政策变化与闽台经济合作路径选择》，《现代台湾研究》2013 年第 2 期，第 45 页。

第三，开放陆资入台，持续放宽陆资赴台项目的限制。2009年6月30日，台湾当局在公布"大陆地区人民赴台投资许可办法""大陆地区之营利事业在台设立分公司或办事处许可办法"的同时，正式宣布开放陆资来台，第一阶段开放192项，其中，制造业开放64项，服务业开放117项，公共建设开放11项。2012年，台湾当局新增陆资开放项目161项，其中，制造业开放115项，服务业开放23项，公共建设开放23项，分别占到已开放的制造业、服务业、公共建设项目总数的56.4%、14.3%和53.5%。[①]需要指出的是，台湾当局不仅在投资项目、资格、方式、额度等方面对陆资予以严格限制，相关配套措施不力也造成了人员招聘及往来居留等问题得不到有效解决。

第四，放宽两岸货物贸易的限制。台湾当局陆续增加了大陆货物进口开放项目，并修正了"战略性高科技货品输出入管理办法"，将祖国大陆排除在管制范围之内。

第五，两岸经贸团体互设办事处取得新进展。2012年，台湾海峡两岸观光旅游协会(简称"台旅会")上海办事分处正式成立；同年12月，台湾外贸协会相继在北京、上海设立了经贸办事处；2013年1月，中国机电产品进出口商会台北办事处正式成立，该商会成为在台设立办事机构的首家大陆经贸社团。

（六）民进党弱化两岸经贸关系的政策（2016—2018）

2016年民进党执政后，为了分散市场风险、降低对大陆地区的经济依赖，民进党当局制定了明确的"经济去中国化"战略。2016—2018年间，民进党采取的"经济去中国化"政策主要内容如下：

首先，收紧陆资赴台投资空间。虽然台湾当局早在2009年就正式宣布了开放陆资来台，但因对陆资予以严格限制，再加上相关配套措施不力，导致陆资入岛进展缓慢，两岸无法真正实现双向投资。2016年民进党上台后，对陆资入股审查趋严。据台湾《中时电子报》7月1日报道，陆资立讯精密工业股份有限公司入股台湾电声元件厂美律案被台"投审会"驳回。该案充分表明，陆资赴台投资议题进一步被泛政治化。

---

① 李鸿阶：《台湾大陆经贸政策变化与闽台经济合作路径选择》，《现代台湾研究》2013年第2期，第45—46页。

其次，停止实施"自由经济示范区"等政策。马英九执政时期，为推进台湾地区自 2002 年加入 WTO 后的新一波经济自由化进程，于 2013 年 8 月正式推动实施了"自由经济示范区"政策。2016 年蔡英文执政后，第一时间就宣布中止"自由经济示范区"政策，同时裁撤经济主管部门的 ECFA 小组。

最后，以"去中国化"为基调，推行"多元化"的对外贸易政策。在积极参与 TPP 等双方或多方经济合作与自由贸易谈判的同时，大力推行"新南向政策"，试图通过构建多元化对外经贸合作新格局，来分散外贸市场，弱化两岸经贸关系。

综上所述，民进党执政以来，由于其始终奉行"去中国化"战略和"经济离中"路线，所以这一时期的两岸经贸往来在大陆单方面的推进下，形成了依托市场力量、以两岸民间交流为主的格局。

二、台湾地区与祖国大陆经贸关系的变化

（一）台商赴祖国大陆投资的升级

20 世纪 80 年代，在土地与劳动力价格高涨、台币升值、环保及劳工意识抬头、社会治安恶化等诸多因素的综合作用下，台湾地区的劳动密集型企业的生产成本不断增加，利润空间日益缩小。20 世纪 70 年代，两次石油危机的爆发引起世界经济动荡不安，国际贸易保护主义盛行，发展中国家和地区在国际市场上竞争激烈，台湾地区的出口贸易面临着国际市场萎缩的困境。在内外交困的情况下，台湾地区的传统中小企业或停产歇业，或升级换代，或进行产业转移。20 世纪 80 年代，台湾地区的"超额储蓄率"不断攀升，大量过剩资金需要快速释出。而此时适逢祖国大陆调整对台经贸政策，出台了一系列保护和优惠台商及台资企业的政策，再加上祖国大陆在劳动力成本和土地价格上的优势，台商开始掀起赴祖国大陆投资的热潮。

20 世纪 80 年代后期，祖国大陆日渐成为台商投资首选之地的因素有如下几个：一是两岸相似的人文地理环境、祖国大陆的土地和劳动力价格低廉等优势，对台商具有天然的吸引力；二是与东南亚国家相比，祖国大陆在保护和优惠台商及台资企业方面的政策及配套措施更加全面。例如，祖国大陆允许台资

100%的独资经营，而独资经营可以有效避免在合资及合作企业中因双方协商不够、经营理念差异、组织权限不清而产生的运转效率低下等问题。另外，还规定了台资企业的产品有30%可以内销。祖国大陆庞大的市场以及改革开放后日益增强的购买力，对台商始终具有相当大的吸引力。2003年，台湾"经济部"发布的"大陆投资实业营运状况调查分析报告"指出，台商赴祖国大陆投资的前三个动机分别是：劳工成本低廉（83.36%）、大陆内销市场广大（53.22%）、土地成本低廉（48.19%）。[①] 这一报告显示出，21世纪初期，大陆内销市场扩大及产业供应链的"群聚效应"已经成为吸引台商赴祖国大陆投资的主要因素，台商投资祖国大陆已从二十世纪八九十年代的"降低成本的防御型投资"转化为"扩张大陆市场型投资"。

1979—2008年间，台商赴祖国大陆投资大体经历了从零星、隐蔽的小规模投资阶段到上亿美元的大规模、集团化投资阶段的过程。下面，将这一时期的台商赴祖国大陆投资分为四个阶段：

1. 初探阶段（1983—1987）

1980年代初期，在转口贸易的带动下，台商就开始对祖国大陆进行试探性投资了。但受制于当时两岸微妙的政治气候以及台湾当局的"三不政策"，这些投资都是以零星的、隐蔽的方式进行的，且台商在大陆投资的多是中小企业，规模有限，形态单一。直到1987年11月，台湾当局调整"三不政策"，开放台湾居民赴祖国大陆探亲后，台商赴祖国大陆投资才得以进一步发展。

2. 扩张阶段（1988—1991）

1988年，大陆颁布《关于鼓励台湾同胞投资的规定》，为台商投资合法权益提供保障，并予以较大优惠与便利，从而促成了台商赴祖国大陆投资的第一波热潮。1987年底，台商在祖国大陆投资项目累计达到80项，协议投资金额累计达到1亿美元左右。1989年，投资项目累计达到1568项，协议投资金额累计达到16.6亿美元。1988—1989年间，台商赴祖国大陆投资、考察等活动方兴未艾。1988年9月，厦门举办的外商投资洽谈会上，就有140多名台商报

---

① 沈志贤：《台商赴大陆投资之两岸总体、政治因素探讨》，硕士学位论文，淡江大学财务金融学系，2006，第40页。

名参会。1989 年 10 月，由台湾地区金属冶制工会组织的赴大陆考察团在祖国大陆进行了为期 20 天的考察访问，先后参观了武汉、北京、上海等 7 个城市的 20 多家铜、铝和压铸工厂；[①] 11 月底，台塑集团董事长王永庆在北京、福建、广东等地进行实地考察后，决定在福建厦门海沧建立一个大型的、独自管理的"石化工业特区"。

这一时期，台商赴祖国大陆投资逐步公开化、长期化。台资企业以祖国大陆作为生产基地和"加工工厂"，将岛内已无生存空间的劳动密集型产业向西转移。

3. 快速发展阶段（1992—1996）

1992 年邓小平南方谈话后，祖国大陆的经济进入显著加速发展的新阶段，再加上世界经济形势的整体好转等，使得台商对祖国大陆投资在 90 年代初呈现出良好的势头。1992 年，台资专案数高达 6430 件，比上年增长 270.61%；同年协议投资金额和实际利用投资金额分别比上年增长 298.78% 和 125.32%。1993 年，台资专案数达到 10948 件，协议投资金额与实际利用投资金额分别比上年增长 79.78% 和 198.95%。但 1994—1996 年间，在大陆宏观调控及税制改革、两岸关系陷入低潮、台湾当局"戒急用忍"政策等因素的共同影响下，台资专案数量、协议投资金额、实际利用投资金额均有所下降。1996 年，台资专案数量下降到 3184 件，协议投资金额下降到 51.41 亿美元，实际利用投资金额下降到 34.74 亿美元。但这一时期，台商投资祖国大陆的格局出现两大新变化：一是投资领域不断扩大，台商投资项目从早期的中小企业扩大到大企业和高科技产业，大规模投资也开始出现；二是投资热点区域不断扩大，从以福建、广东为主的东南沿海地区向以上海、江苏为中心的长三角地区扩展。

4. 调整阶段（1997—2008）

1997 年亚洲金融危机后，台商赴祖国大陆投资的数量和规模又呈现出下降趋势，直到 2000 年都保持在较低水平。2001 年，两岸先后加入世界贸易组织后，台商投资祖国大陆开始迈入一个崭新的阶段。2001—2008 年间，台资专案数量、实际利用投资金额都呈现出稳定增长的局面。2002 年，台商对祖国大陆

---

① 陈崇龙、谢俊主编：《海峡两岸关系大事记》，中共党史出版社，1993，第 319 页。

投资占台湾地区整体对外投资的比重首度超过50%。[①]2003年，受"非典"疫情和大陆开始实施适度性紧缩货币政策等因素的影响，台商对祖国大陆的投资项目数量和实际利用台资金额较2002年均有所下降。2005年以后，受祖国大陆经济结构调整以及投资环境变化等因素的影响，台商投资祖国大陆的热潮进入调整阶段，2005年、2006年、2007年，台商投资的实际利用金额分别为21.51亿美元、21.35亿美元、17.74亿美元。截至2008年5月，台商对祖国大陆投资项目累计达到76078个，台商投资的实际利用金额累计达到464.67亿美元。按实际使用外资统计，2008年，台资在大陆累计吸收境外投资中的占比为6.71%，排在第五位。[②]2009年6月30日，台湾地区在公布"大陆地区人民赴台投资许可办法"及"大陆地区之营利事业在台设立分公司或办事处许可办法"的同时，公布了开放陆资赴台投资第一阶段项目，正式开启了两岸双向投资的新时代。

表2-1　1989—2017年间台商对祖国大陆投资金额统计

单位：亿美元

年份	项目数量			实际台资		
	数量（个）	同比（%）	占当年总额比重（%）	金额	同比（%）	占当年总额比重（%）
1989年	539		9.3	1.6		4.7
1990年	1103	104.6	15.2	2.2	43.2	6.3
1991年	1735	57.3	13.4	4.7	109.9	10.8
1992年	6430	270.6	13.2	10.5	125.5	9.5
1993年	10948	70.3	13.1	31.4	198.7	11.4
1994年	6247	-42.9	13.1	33.9	8	10
1995年	4847	-22.4	13.1	31.6	-6.8	8.4
1996年	3184	-34.3	13	34.8	9.9	8.3

---

①　沈志贤：《台商赴大陆投资之两岸总体、政治因素探讨》，硕士学位论文，淡江大学财务金融学系，2006，第41页。

②　曾彩娟：《台商与日商投资大陆策略之比较》，硕士学位论文，中兴大学国际政治研究所，2009，第60页。

1997 年	3014	-5.3	14.4	32.9	-5.4	7.3
1998 年	2970	-1.5	15	29.2	-11.4	6.4
1999 年	2499	-15.9	14.8	26	-10.8	6.4
2000 年	3108	24.4	13.9	23	-11.7	6.4
2001 年	4214	35.6	16.1	29.8	29.8	6.4
2002 年	4853	15.2	14.2	39.7	33.3	7.5
2003 年	4495	-7.4	10.9	33.8	-14.9	6.3
2004 年	4002	-11	9.2	31.2	-7.7	5.1
2005 年	3907	-2.4	8.8	21.6	-31	3.6
2006 年	3752	-4.0	9.1	21.4	-0.7	3.4
2007 年	3299	-12.1	8.7	17.7	-20.4	2.4
2008 年	2360	-28.5	8.6	19	7	2.1
2009 年	2555	8.3	10.9	18.8	-1	2.1
2010 年	3072	20.2	11.2	24.8	31.7	2.3
2011 年	2639	-14.1	9.52	21.8	-11.81	1.88
2012 年	2229	-15.5	8.94	28.5	30.4	3
2013 年	2017	-9.5	8.86	20.9	-26.7	1.78
2014 年	2318	14.9	9.75	20.2	-3.3	1.69
2015 年	2962	27.78		15.37	-23.84	
2016 年	3517	18.7	12.6	19.6	27.7	1.57
2017 年	3464	-1.5		17.7	-9.7	
累计	102279			664.2		

资料来源：中台办、国台办官方网站：http://www.gwytb.gov.cn/lajm/lajm/201805/
t20180525_11958860.htm。

1997—2008 年间，台商赴祖国大陆投资呈现出如下几个发展趋势：

第一，从投资规模来看，台商投资祖国大陆的主体从以中小企业和个人投资为主体，转变为以上市公司、上柜公司或大型企业为主体。1994 年以前，台商平均投资规模均在 100 万美元以下，且投资产业多集中在民生工业。1995 年后，台商平均投资规模扩大至 200 万美元以上，且投资产业大多为资本密集型产业。2001 年前后，台湾地区排名前一百位的大型企业中，已有一半以上前往祖国大陆投资设厂。在大企业的"群聚效应"影响下，大批相关产业的中小企业纷纷跟进，并逐渐在大企业所处的区域形成完整的产业供应链，从而使得台商投资大型化、集团化趋势更加明显。

第二，从投资区域来看，2000 年之前，台商投资分布最多的前五个省份依次是广东、江苏、上海、福建、浙江。2000—2008 年间，台商投资分布最多的前五个省市依次是江苏、广东、上海、浙江、福建。其中，江苏取代广东，成为吸引台商投资最多的省份。这些趋势表明，改革开放初期，珠江三角洲地区凭借区位优势、政策优势和经济优势，成为台商投资祖国大陆的热点地区，尤其是广东省，在吸引台商投资方面处于绝对优势的地位。20 世纪 90 年代中期以后，随着对外开放的地域向纵深推进，台商投资也逐渐扩展到以江苏、上海为中心的长江三角洲地区；2000 年以后，又进一步扩展到以武汉为中心的华中地区、以成都和重庆为中心的西南地区、以北京和天津为中心的华北地区以及大连、沈阳等环渤海地区。其中，环渤海地区由于是高科技产业、物流业、房地产业和大型商业北移的热门地区，因此成为对台商投资最具吸引力的区域。

第三，从投资产业来看，2005 年之前，以塑胶制品制造业为代表的劳动密集型产业一直在台商投资祖国大陆的产业中稳居首位。2005 年以后，电子电器制造业、基本金属制造业、化学品制造业逐渐成为台商投资祖国大陆的前三大产业。2007 年，从平均投资规模来看，台商投资祖国大陆的前三大产业依次是：电脑、通讯及视听电子产品制造业、石油及煤制品制造业、材料及化学制品制造业，投资数额分别是 3926 万美元、2444.7 万美元和 2231.1 万美元。[①] 与此同时，较晚开放投资的金融业和保险业的投资件数为 12 项，平均投资规模则达到了 983.7 万美元。[②]

此外，台商赴祖国大陆投资的形式也经历了如下变化，从早期的仅将在当

---

① 周芯玮：《两岸经济合作架构协议（ECFA）对台湾经济影响初探》，硕士学位论文，台湾大学社会科学院经济学系，2010，第 82 页。

② 周芯玮：《两岸经济合作架构协议（ECFA）对台湾经济影响初探》，硕士学位论文，台湾大学社会科学院经济学系，2010，第 82 页。

地取得的资源经过简单加工，无须技术转移的"掠夺式"投资，转变为利用当地廉价劳动力和土地来发展加工工业，并将产品外销的"逐草式"投资，再发展到立足于投资地区的"屯垦式"投资。

2008 年以来，台商对祖国大陆投资呈现出如下特征：首先，从格局来看，台商投资从少到多、从点到面。据商务部统计，截至 2008 年 12 月底，祖国大陆累计批准台资项目 77506 个，累计吸收台湾地区直接投资 476.6 亿美元。截至 2018 年 12 月，祖国大陆累计批准台资项目 107190 个，实际利用台资 678.1 亿美元；若加上台商经第三地的转投资，累计实际使用台资约 1300 多亿美元。① 其次，从投资区域来看，由高度集中在东南沿海地区逐渐"北上"和"西进"。2010 年，台商对华北地区和西南地区的投资额分别是 7.23 亿美元和 9.39 亿美元；2012 年，投资额分别增加到 8.80 亿美元和 9.76 亿美元。与此相反，2010 年，台商对华东地区和中南地区的投资额分别为 97.33 亿美元和 30.19 亿美元；2012 年，投资额分别下降到 85.14 亿美元和 19.55 亿美元。② 最后，从投资产业来看，制造业虽然一直占据主体，但比重逐渐下降，服务业的比重则逐渐上升。据台湾有关部门的统计数据显示，2010—2012 年间，台商对祖国大陆塑胶制品、基本金属、电子零组件、机械设备等制造业的投资金额由 63.07 亿美元下降到 29.67 亿美元，占对祖国大陆投资总额的比重从 43.15% 降至 23.19%；而对服务业的投资金额则逐年增加，到 2013 年，台商对祖国大陆金融保险业的投资金额达到 19 亿美元，占对祖国大陆投资总额的比重为 20.68%。③

（二）两岸贸易的快速发展

1979—2018 年间，两岸贸易往来日益密切，贸易总额稳步增长，贸易规模也不断扩大。在两岸恢复经贸关系的 1979 年，两岸贸易总额仅为 0.77 亿美元，其中，台湾地区对祖国大陆的出口额为 0.21 亿美元，祖国大陆对台湾地区的出

---

① 中华人民共和国商务部台港澳司：《2018 年大陆与台湾经贸交流情况》《2018 年 1—12 月大陆与台湾贸易、投资情况》，2019 年 1 月 18 日，http://tga.mofcom.gov.cn/article/sjzl/taiwan/?，最后访问日期：2019 年 7 月 1 日。

② 李鸿阶：《台湾大陆经贸政策变化与深化两岸经济合作研究》，《台湾研究》2014 年第 4 期，第 37 页。

③ 李鸿阶：《台湾大陆经贸政策变化与深化两岸经济合作研究》，《台湾研究》2014 年第 4 期，第 37 页。

口额为 0.56 亿美元。21 世纪以来，两岸贸易总额持续扩大。据商务部台港澳司的统计数据显示，2003 年，两岸贸易总额为 583.7 亿美元，其中，台湾地区对祖国大陆的出口额为 493.7 亿美元，祖国大陆对台湾地区的出口额为 90 亿美元。2004 年，两岸贸易总额为 783.3 亿美元。2005 年，两岸贸易总额为 900 亿美元。2006 年，两岸贸易总额首次超过 1000 亿美元。2007 年和 2008 年，两岸贸易总额分别达到 1244.8 亿美元和 1292.2 亿美元。2014 年，两岸贸易总额达到 1983.1 亿美元的历史高峰。但 2015 年以后，两岸贸易总额开始缩减。2017 年，两岸贸易又呈现出新的增长态势。2018 年，两岸贸易总额达到 2262.4 亿美元的新高峰。（见表 2-2）

表 2-2 1978—2018 年间两岸贸易情况统计表

单位：亿美元

年 份	贸易总额	增长率 %	对台出口	增长率 %	自台进口	增长率 %
1978	0.46		0.46			
1979	0.77	67.4	0.56	21.7	0.21	
1980	3.11	303.9	0.76	35.7	2.35	1019.1
1981	4.59	47.6	0.75	-1.3	3.84	63.4
1982	2.78	-39.4	0.84	12	1.94	-49.5
1983	2.48	-10.8	0.9	7.1	1.58	-18.6
1984	5.53	123	1.28	42.2	4.25	169
1985	11.01	99.1	1.16	-9.4	9.85	131.8
1986	9.55	-13.3	1.44	24.1	8.11	-17.7
1987	15.16	58.7	2.89	100.7	12.27	51.3
1988	27.21	79.5	4.79	65.7	22.42	82.7
1989	34.84	28	5.87	22.5	28.97	29.2
1990	40.43	16.08	7.65	30.41	32.78	13.18
1991	57.93	43.26	11.26	47.11	46.67	42.36
1992	74.1	23.9	11.2	-0.6	62.9	34.7
1993	143.95	94.26	14.62	30.54	129.33	105.6

1994	163.3	13.44	22.4	53.21	140.8	8.87
1995	178.8	9.49	31	38.39	147.8	4.97
1996	189.8	6.1	28	-9.6	161.8	9.5
1997	198.38	4.5	33.96	21.2	164.42	1.6
1998	204.99	3.3	38.69	13.9	166.29	1.1
1999	234.79	14.5	39.5	2.1	195.29	17.4
2000	305.33	31.1	50.4	27.6	254.9	30.6
2001	323.4	5.9	50	-0.8	273.4	7.2
2002	446.6	38.1	65.9	31.7	380.3	39.3
2003	583.7	30.7	90	36.7	493.7	29.7
2004	783.3	34.2	135.5	50.4	647.8	31.28
2005	912.3	16.5	165.5	22.2	746.8	15.3
2006	1078.4	18.2	207.4	25.3	871.1	16.6
2007	1244.8	15.4	234.6	13.1	1010.2	16.0
2008	1292.2	3.8	258.8	10.3	1033.4	2.3
2009	1062.3	-17.8	205.1	-20.8	857.2	-17.0
2010	1453.7	36.9	296.8	44.8	1156.9	35.0
2011	1600.3	10.1	351.1	18.3	1249.2	7.9
2012	1689.6	5.6	367.8	4.8	1321.8	5.8
2013	1972.8	16.7	406.4	10.5	1566.4	18.5
2014	1983.1	0.6	462.8	13.9	1520.3	-2.8
2015	1885.6	-4.9	449	-3	1436.6	-5.5
2016	1796	-4.5	403.7	-10.1	1392.3	-2.8
2017	1993.9	11.3	439.9	9.3	1554	11.9
2018	2262.4	13.2	486.47	10.6	1775.98	13.9

资料来源：中华人民共和国商务部台港澳司官方网站：http://tga.mofcom.gov.cn/
article/sjzl/taiwan

随着两岸贸易数额和贸易规模的逐渐扩大，两岸贸易依存度也在不断增强。

依照台湾陆委会的统计，1981 年，台湾地区对祖国大陆的出口额仅占其出口总额的 1.40%，2005 年则高达 28.36%。相比之下，1981 年，台湾地区自祖国大陆的进口额仅占其进口总额的 0.58%，直到 2004 年仍徘徊在 10% 以下。反观祖国大陆对台湾地区的贸易依存度，却经历了先升后降的过程。由表 2-3 可知，祖国大陆外贸对两岸贸易的依存度在 1994 年为 8.34%，之后便逐年下降，至 2005 年已经跌至 6.42%。这无疑表明，祖国大陆对台湾地区的贸易依赖程度，要远远低于台湾地区对祖国大陆的依赖程度。

表 2-3 1979—2005 年间两岸贸易依存度统计表

单位：%

年 份	台湾地区外贸对两岸贸易依存度	祖国大陆外贸对两岸贸易依存度	台湾地区对祖国大陆出口贸易依存度	祖国大陆自台湾地区进口贸易依存度	台湾地区自祖国大陆进口贸易依存度	祖国大陆对台湾地区出口贸易依存度
1979	0.25	0.27	0.13	0.14	0.38	0.41
1980	0.79	0.82	1.19	1.17	0.39	0.42
1981	1.05	1.04	1.70	1.74	0.35	0.34
1982	0.68	0.67	0.88	1.01	0.44	0.38
1983	0.55	0.57	0.63	0.74	0.44	0.40
1984	1.06	1.03	1.40	1.55	0.58	0.49
1985	2.17	1.58	3.21	2.34	0.58	0.42
1986	1.49	1.29	2.04	1.89	0.60	0.46
1987	1.38	1.83	2.29	2.84	0.83	0.73
1988	2.47	2.65	3.7	4.06	0.96	1.01
1989	2.94	3.12	4.38	4.90	1.22	1.12
1990	3.32	3.50	4.38	6.14	1.40	1.23
1991	4.16	4.27	6.12	7.32	1.79	1.57
1992	4.83	4.48	7.72	7.80	1.56	1.32
1993	8.88	7.36	15.20	12.44	1.90	1.59
1994	9.15	8.34	15.13	12.18	2.62	1.85
1995	8.31	6.37	13.24	11.19	2.99	2.08

续表

1996	8.69	6.55	13.96	11.65	2.74	1.85
1997	8.39	6.10	13.47	11.55	2.97	1.86
1998	9.49	6.31	15.03	11.85	3.69	2.11
1999	10.96	6.51	17.15	11.79	4.07	2.03
2000	13.82	6.44	17.21	11.32	4.42	2.02
2001	10.24	6.35	19.05	11.23	5.47	1.88
2002	15.05	7.2	21.78	12.90	7.02	2.00
2003	16.62	6.86	23.48	11.96	8.56	2.05
2004	18.72	6.78	26.83	11.54	9.95	2.28
2005	20.04	6.42	28.36	11.31	11.00	2.17

资料来源：中台办、国台办官方网站：http://www.gwytb.gov.cn/lajm/lajm/201101/
t20110121_1718211.htm

随着两岸贸易依存度的不断提高，两岸互成为重要的贸易伙伴。1991 年，台湾地区成为祖国大陆第四大进口地区，祖国大陆则成为台湾地区第五大出口地区。2003 年，台湾地区成为祖国大陆第五大贸易伙伴、第二大进口市场、第六大出口地区；祖国大陆则成为台湾地区第三大贸易伙伴、第一大出口地区、第五大进口地区。2005 年，祖国大陆成为台湾地区第一大贸易伙伴、第一大出口市场和第二大进口市场。另据台湾有关部门的统计数据显示，2008 年，祖国大陆在台湾地区出口市场中所占的比重超过 39%，居于首位，而美国名列第三。[①]

早期，台湾地区对祖国大陆出口的产品以工业原料、工业半成品和机器设备及零配件为主，而台湾地区自祖国大陆进口的产品则以初级产品和轻工业产品为主，两岸贸易商品结构呈现出落后地区对先进工业区的形态。但随着台湾地区的电子制造业大量西移至祖国大陆，台湾地区出口到祖国大陆的产品中，技术密集型等高附加值的产品越来越多，两岸贸易商品结构在互补的基础上渐趋合理。

---

① 周芯玮：《两岸经济合作架构协议（ECFA）对台湾经济影响初探》，硕士学位论文，台湾大学社会科学院经济学系，2010，第 83—84 页。

小　结

本章系统考察了 1979—2018 年间祖国大陆对台大政方针、经贸政策的制定和调整及其对台湾当局的大陆政策、台商投资祖国大陆以及两岸贸易往来等造成的影响，并由此得出结论：祖国大陆对台大政方针、经贸政策是促成台湾地区主要外贸市场从美国转移到大陆的最主要原因。

在两岸政治关系方面，祖国大陆对台大政方针是两岸从隔绝到互动的主导因素，也是两岸贸易发生发展的重要政治前提。在"和平统一，一国两制"得到国际社会广泛认同的情况下，台湾当局被动调整大陆政策予以回应。20 世纪80 年代初期，台湾当局虽然提出"三民主义统一中国"的政治口号，但实际上依然固守"三不"政策。直到 80 年代中后期，为因应岛内外以及两岸互动的新形势，台湾当局才不得不逐渐放松了赴祖国大陆探亲等活动。进入 90 年代，祖国大陆坚定不移地按照"和平统一，一国两制"的方针，积极推动两岸民间往来和各领域的交流合作，建立"两会"制度化的协商机制，并坚决反对任何形式的"台独"活动。与此同时，台湾当局也通过调整一些具体的政策，来呼应两岸民间往来层次不断提升、规模不断扩大的事实。因此，即便在岛内"分离主义"倾向日益明显的 90 年代后期，两岸经贸往来仍具有相当规模。2000 年，台湾地区出现首次"政党轮替"，祖国大陆以"和平统一""反对台独"作为对台政策的两大主轴，在一个中国原则和国家主权问题上决不妥协，但具体的对台工作策略更软性、更灵活；制定《反分裂国家法》，将对台方针政策法律化；深入推动两岸各项交流合作，并先后邀请国民党、亲民党和新党访问祖国大陆。至 2008 年国民党重新执政之际，两岸已实现了全面、直接、双向的"三通"，并形成了全方位交往的格局。由此不难看出，正是由于祖国大陆始终坚持"和平统一，一国两制"的基本方针，才有了两岸关系的缓和与发展，才开启了两岸经贸关系的新纪元。

祖国大陆积极务实的对台经贸政策，直接推动了两岸经贸关系的发展。祖国大陆的对台经贸政策开启并主导着两岸转口贸易和间接投资的发展，是两岸经贸往来的决定因素。反观台湾当局的大陆经贸政策，不但滞后于祖国大陆的对台经贸政策，而且滞后于两岸贸易往来的事实。

面对两岸转口贸易的发展和岛内工商界的强大压力，台湾当局于1984年首次公开表示对两岸转口贸易采取默许的态度，1985年宣布对祖国大陆转口贸易采取"不接触，不鼓励，不干涉"三原则，1988年又颁布了比"转口贸易三原则"更为宽松的"不予追究"的三项原则，同时对台商赴祖国大陆投资采取有限开放的政策。80年代末期，祖国大陆颁布的一系列吸引和鼓励台商投资的法律法规，除了给予台商政策上的优惠与便利外，还采用特殊措施以保护台商的权益，由此引发了台商投资祖国大陆的热潮。

20世纪80年代的最后几年间，台湾地区主要出口市场开始从美国转移，美国市场在台湾地区整体出口市场中的比重从1984年的48.8%跌至1990年的32.4%。90年代中期以后，尽管美台贸易总额呈稳步增长之势，但美台贸易在各自对外贸易中所占的比重却越来越低，双方贸易关系的密切程度和依赖程度均逐步下降。如1990—1995年间，美国市场在台湾地区整体出口市场中的比重从32.35%下降到22.50%，而台湾地区自美国进口的数额在台湾地区整体进口数额中的比重也由23.05%跌至20.06%。1996—2008年间，美台贸易总额、台湾地区对美出口额数和自美进口数额分别出现了4次、4次、6次负增长。

台湾地区主要出口市场由美国转移到祖国大陆的原因有两点，一是祖国大陆给予台商一系列的优惠政策，二是台湾当局有限度地放松了台商赴祖国大陆投资。由于台商将一部分生产基地转移到祖国大陆，台湾地区出口到祖国大陆的半成品、零部件以及机械设备等大幅扩增，导致两岸间接贸易规模和数额在1987年以后有了较大突破，到1989年达到35亿美元左右。由此可见，80年代后期的台商赴祖国大陆投资，直接带动了两岸间接贸易的快速发展，台湾地区主要出口市场初步呈现出由美国转移到祖国大陆之势。

就贸易强度率[①]来看，1978年、1980年、1985年、1989年，祖国大陆出口到台湾地区的贸易强度率分别为0.53、0.43、0.39、0.64，而台湾地区出口到祖国大陆的贸易强度率分别为0.0005、1.20、1.41、2.24，充分表明两岸贸易依存

---

① 贸易强度率（the trade intensity ratio）是衡量两个经济体之间贸易关系变化强度的一种方法。贸易强度率越大，两个经济体之间的贸易关系就越强。

度并不高。[①] 相比之下，1979—1989 年间，台湾地区对美国出口额和自美国进口额都在稳步增长。虽然 1987 年以后，美国市场在台湾地区整体出口市场中的比重稍有下降，但美国仍是台湾地区第一大出口国和第二大进口国，台湾地区仍是美国第五大贸易伙伴。因此，纵观整个 80 年代，美国一直是台湾地区最重要的贸易伙伴。而这一时期的两岸贸易关系尚处于初始阶段，在祖国大陆对台政策的推动和影响下，台湾地区对祖国大陆出口比重逐渐增加，从而为两岸经贸关系的后续发展奠定了良好的基础。

20 世纪 90 年代，《中华人民共和国台湾同胞投资保护法》《中华人民共和国台湾同胞投资保护法实施细则》陆续颁布，给予赴祖国大陆投资的台商较大的优惠和便利，并保障其合法权益。21 世纪以来，祖国大陆又陆续出台了一系列惠台政策和措施，并建立了政党定期沟通平台，为两岸经贸合作交流提供了新枢纽，并开启了两岸经贸互利双赢的新局面。在此影响下，台商投资主体从中小企业或个人投资发展成上市公司或大型企业集团，投资产业从劳动密集型产业逐步转变为资本、技术密集型产业。在台商投资祖国大陆的驱动下，两岸贸易规模不断扩大，两岸贸易额和贸易依存度持续增长，台湾地区的主要外贸市场也发生了转移：1991 年，台湾地区是祖国大陆第四大进口地区，祖国大陆是台湾地区第五大出口地区。2005 年，祖国大陆成为台湾地区第一大贸易伙伴、第一大出口市场和第二大进口市场。

---

① 两岸贸易强度率的数据来源：Robert F. Ash and Y. Y. Kueh, "Economic Integration within Greater China: Trade and Investment Flows Between Mainland, Hong Kong and Taiwan", in David Shambaugh, ed., *Greater China: The Next Superpower?* (Oxford: Oxford University Press, 1995), p.67.

第三章 美国与台湾地区贸易关系的不断衰退

台湾地区主要外贸市场从美国转移到祖国大陆的第二大原因是，由美国国内基本产业竞争力不断下降、美国劳动生产率增长速度放缓、美国宏观经济政策严重的不平衡等因素所导致的美台贸易关系的演变。

第一节 逆势上扬的美台贸易（20 世纪 70 年代末期至 80 年代后期）

一、前所未有的贸易繁荣

1979 年 1 月 1 日，美国与中华人民共和国正式建立外交关系，同时宣布与台湾当局"断交"、终止美台《共同防御条约》，同年 4 月由美国国会通过的《与台湾关系法》则使美台之间的贸易关系得以维持和继续。其后，美台关系的核心转向了经济事务方面。

表 3-1 1979—1987 年间美台贸易统计表

单位：亿美元

年　份	贸易总额	台湾对美出口额	台湾自美进口额	台湾地区对美进出口差额	对美出口占台湾地区出口份额（%）	自美进口占台湾地区进口份额（%）
1979	90.3	56.5	33.8	22.7	35.1	22.9
1980	114.3	67.6	46.7	20.9	34.1	23.7
1981	129.3	81.6	47.7	34	36.1	22.5

续表

1982	133.2	87.6	45.6	42	39.4	24.2
1983	159.8	113.3	46.5	66.9	45.1	22.9
1984	199.1	148.7	50.4	98.2	48.8	23.0
1985	195.2	147.7	47.5	100.3	47.0	24.9
1986	244.4	190.1	54.3	135.8	45.6	22.1
1987	313.3	236.8	76.5	160.4	44.1	22.1

资料来源：美台贸易总额、台湾地区对美进出口额和台湾地区对美进出口差额的数据来自 *Taiwan Statistical Data Book*，*1988*；对美出口占台湾地区出口份额、自美进口占台湾地区进口份额的数据来自台湾《经济日报》社编印的《台湾经济年鉴》，1989。

20 世纪 80 年代前半期，美台贸易经历了前所未有的繁荣和发展。如表 3-1 所示，1979—1987 年间，美台贸易总额从 90 亿美元增加到 313 亿美元，增长了近 3.5 倍。在对美出口方面，除 1985 年的出口额较前一年有所下降之外，其余各年的对美出口额都处于持续上升状态。1979 年，台湾地区顺利地度过了第二次石油危机，1980 年台湾地区的出口额增加了 28.1%，1981 年增加了 10.8%。其中，对美出口额在 1980 年上升了 19.6%，1981 年又增加了 20.8%。但是 1982 年，台湾地区的整体出口出现了自 1975 年以来的第一次下滑，而对美出口额也仅增加了 7.3%。究其主要原因，是美联储采取的通货紧缩政策及其所引发的美国经济衰退。为了应对出口整体下滑的情况，台湾当局于 1981 年 8 月将新台币对美元的汇率从 36∶1 下调至 38∶1。1982 年 2 月，台湾当局从可进口货物列表中撤销了 1533 项日本消费品，以减少对日贸易逆差。1983 年后，美国经济开始复苏，台湾地区对美出口随之快速增加：1983 年上升 29.4%，1984 年上升 31.1%，美国在台湾地区整体出口中的占比也从 1980 年的 34.1% 上升至 1984 年的 48.8%。与此同时，美元的升值也促使台湾地区的出口从其他国家逐渐转向美国，台湾地区出口市场对美国的依赖程度日益加深。但 1985 年，台湾地区整体出口下滑，对美出口额也下降了 0.64%。1985 年 9 月，美日德法英签署《广场协议》后，日元大幅升值，日元对美元汇率由 244 日元兑 1 美元上升到 153 日元兑 1 美元，台湾地区的出口迅速恢复上涨趋势。1986 年，台湾地区的整体出口上升了 26%，对美出口则增长了 28.7%。1987 年，其对美出口继续增加，比上年增长了 24.5%。

与对美出口增幅相比，台湾地区自美进口却增长缓慢。1979—1987 年间，台湾地区对美出口额扩大了 4.19 倍，而自美进口额只增加了 2.26 倍。除 1982 年、1985 年，台湾地区自美进口额分别比上一年下降了 4.4% 和 5.7% 之外，其余各年的进口额均实现了稳步增长，但自美进口额在台湾地区整体进口中的占比始终维持在 23% 左右。在对美出口规模扩张的带动下，台湾地区对美贸易顺差从 1979 年的 22.7 亿美元扩大到 1987 年的 160.4 亿美元。1987 年底，台湾地区的贸易顺差总额超过 190 亿美元，其中 84% 是对美贸易顺差。同年，对台贸易逆差在美国 1700 亿美元的贸易逆差总额中占到 9%，台湾地区成为仅次于日本、加拿大的美国第三大贸易逆差地区。在进出口商品结构方面，台湾地区对美出口商品主要是针纺织品、塑料胶鞋、电子电器产品等，自美进口商品主要是农产品、工业配件等。[①]

综观 1979—1987 年间的美台贸易，1979 年美台"断交"并未对美台贸易造成太大影响，美台贸易依然维持着自 20 世纪 50 年代以来就形成的依附关系："台湾地区对美国的贸易是其经济发展的重要推动力，美国从台湾地区的进出口额的兴衰直接影响了台湾经济的增长或衰退。"[②] 期间，美国市场在台湾地区出口市场中的比重不断上升，1984 年更是达到了 48.8% 的历史高峰，台湾地区取代英国，成为美国第五大贸易伙伴。1982 年，台湾地区还是美国第十五大出口市场，1984 年则上升为第十二大出口市场。美国一直是台湾地区最大的贸易伙伴和最大的出口市场，美国在台湾地区整体贸易中的比重从 1979 年的 29% 上升到 1987 年的 35%。[③]

[①] 贺平：《美台关系中的经济因素：1979—2001》，硕士学位论文，上海外国语大学国际政治系，2005，第 25 页。

[②] 林长华：《战后美台贸易关系发展趋势分析》，《台湾研究集刊》2001 年第 1 期，第 35 页。

[③] Jan S. Prybyla, "US-Taiwan Economic Relations Since the Taiwan Relations Act: An American View", King-yuh Chang, ed., *Taiwan-US Relations Under the Taiwan Relations Act: Practice and Prospects* (Taipei: Institute of International Relations, 1988), p.69.

二、贸易失衡问题的凸显

自 20 世纪 70 年代后半期开始，随着台湾地区对美贸易顺差的迅速扩大，美台贸易摩擦也日渐凸显。在美国方面看来，台湾地区相对封闭的市场是造成自己在美台贸易中长期处于贸易逆差的关键原因，为了扭转这一局面，美国一方面积极推动台湾当局"开放市场"，另一方面要求台湾当局限制对美出口。因此，在美国的倡议下，"美台贸易谈判"从 1978 年开始举行，并逐渐成为美台贸易冲突的主要解决模式。

1978 年"美台贸易谈判"的结果，是签订了"中美贸易协定"，该协定要求台湾地区在数年内将 339 项进口产品的关税逐渐降低 33%，并承诺遵守东京回合谈判中对于发展中国家和地区所作的非关税协定。[1] 1982 年以前，"美台贸易谈判"的焦点是关税议题，台湾当局被迫在关税方面一再让步，并每年都重新修改进出口税则。1982 年后，市场准入成为"美台贸易谈判"中的一个突出议题。1982—1985 年间，"美台贸易谈判"开放美国烟草和酒类进口，其次是开放银行业和保险服务业。

整体来看，1984 年以前，美台虽然存在贸易冲突，但并不严重，双方仅举行过 4 次谈判。1984—1987 年间，美台至少进行了 32 次不同类型的谈判，美国至少 10 次以"301 条款"为最后通牒，迫使台湾当局在关税与外汇管制方面作出让步。1984 年，美国瞄准韩国、巴西、中国台湾等发展中国家和地区，修改并加强了贸易法案中的补贴税和反倾销条款。由于对美贸易顺差的激增，台湾地区在每项可能的不公平贸易行为和贸易管制措施的运用方面，都接受了严格而彻底的检查。1985 年，为了应对日益增长的贸易赤字，美国国会先后通过了"詹金斯法案""瑟蒙德 - 霍林斯纺织品法案"等旨在限制外国（主要是发展中国家和地区）对美国的纺织品出口的法案。在"美台贸易最艰难"的 1986 年，美国众议院通过了"贸易提高法案"，要求日本、西德、中国台湾在未来 4 年里每年减少 10% 的对美贸易顺差；美国国会就撤销台湾地区享有普惠制待遇的资格进行了投票，试图取消台湾地区出口到美国的一系列商品享受的零关税待

---

① 王丽凤:《台湾"政府采购"的政治经济分析，1949—2004》，硕士学位论文，台湾大学政治系，2005，第 42 页。

遇。[①]1986年以后，由于美台贸易摩擦更加密集，冲突更为激烈，"美台贸易谈判"延伸至汇率与外汇管制自由化等更广泛的议题。

三、美台贸易谈判

（一）关税和汇率

关税方面，1978—1987年间，美台共举行了7轮关税谈判。美国要求台湾地区对于1075项物品给予关税减让，台湾地区最终减少了927项物品的关税，总体接受率为86%。[②]汇率方面，由于80年代后半期，台湾地区对美贸易盈余急剧扩大，美国政府除迫使台湾当局进一步开放市场外，还多次以台湾当局"人为操纵汇率"为由，逼迫台湾当局放宽汇率管制，大幅提高新台币的币值。这就导致1985—1987年间，新台币升值了近40%，从1美元兑40元新台币升至1美元兑26元新台币。

（二）自美进口方面

1. 水果

在打开台湾地区市场，增加美国产品进口方面，20世纪70年代末至80年代中后期的美台贸易谈判主要集中在水果、烟酒、知识产权保护三个领域。1978年以来的美台贸易谈判，促使台湾当局对美国的橘子、葡萄柚、葡萄、梨、桃等开放了市场。这也就意味着，以前需要进口许可证的美国产品，被给予了专门的市场准入。虽然新鲜水果的关税率一般都在40%—50%之间，而台湾地区农产品的平均关税仅为23.4%，但美国的谈判者们对于取得台湾市场的实际垄断权仍表示满意。

2. 烟和酒

自日据时代起，台湾地区就开始实行烟酒专卖制度，官办的烟酒专卖局不仅垄断了岛内烟草、葡萄酒、啤酒和烈性酒的生产，而且是进口这些产品的唯

---

① Nancy Bernkopf Tucker, *Taiwan, Hong Kong, and the United States, 1945-1992* (New York: Twayne Publishers, 1994), p.170.

② Da-Nien Liu and Wen-Jung Lien, "The Trade Relationship Between Taiwan and The U.S.", Jaw-Ling Joanne Chang and William W. Boyer ed., *United States-Taiwan Relations: Twenty Years After The Taiwan Relations Act* (Baltimore: Maryland Series in Contemporary Asian Studies, Inc., 2000), p.141.

一合法机构。20 世纪 80 年代初期，美国不但强迫台湾当局开放烟酒市场，进口美国烟酒，还要求进口的美国烟酒应由美国生产商授权的机构来分配。起初，台湾当局坚持只有进口数量问题可以协商。但 1985 年 10 月，台湾当局在"301条款"的威胁下，被迫与美国签署了一项协议，承诺开放烟草、啤酒和葡萄酒的进口。作为回报，美国同意暂时搁置烈酒进口的议题。

尽管台湾当局承诺同时开放烟草、啤酒和葡萄酒的进口，但由于美国烟草业具有相当大的游说能力，烟草自由化就成为 1986 年美台贸易谈判的重要议题。台湾当局先是提议除了关税，还应对进口烟草实行限额制。美国虽然表示接受合理的关税，但坚决反对限额制。随后，台湾当局又提出了一项 210% 的从价税，美国以该税率过高为由表示反对，并提出了具体的关税，即长烟每盒征收 22 元新台币的进口税，短烟每盒征收 20 元新台币的进口税。① 台湾当局虽然接受了这一建议，但要求征收更高的进口税。谈判由此陷入僵局。

除关税问题外，烟草广告问题也成为美台贸易谈判的一大难题。最初，台湾当局建议只在售卖美国香烟的零售店内张贴美国香烟的海报，但在美国的重压之下，被迫同意少数杂志刊登美国香烟的广告。美国进一步要求在广播上发布美国香烟广告时，遭到台湾当局的坚决反对。在第五轮美台贸易谈判未果后，里根总统于 1986 年 10 月批准了美国贸易代表办公室提出的在"301 条款"下采取报复行动的建议。同年 12 月，台湾当局被迫签署了一项协议。该协议虽然规定不在广播和报纸上刊登美国香烟广告，但同意了美国提出的关税。该协议签署后，美国香烟的广告遍布台湾地区的大街小巷，美国香烟仅在一年内就占据了台湾地区香烟市场 12% 的份额。

3. 知识产权

20 世纪 80 年代以前，台湾地区一直是国际社会公认的非法盗印品、制造品的一大生产者和销售者。因为台湾地区的伪造行为并未对美国造成实质性的影响，所以美国采取了容忍的态度。进入 80 年代后，随着台湾地区对美贸易顺差的激增，美国越来越关注台湾地区的知识产权问题，并要求台湾当局严厉打

---

① Robert E. Baldwin, Tain-Jy Chen, Douglas Nelson, *Political Economy of U.S.-Taiwan Trade* (Ann Arbor: The University of Michigan Press, 1995), p.106.

击伪造行为。作为回应，台湾当局成立了"反伪造委员会"，专门负责取缔制造业部门的伪造活动。此外，反伪造在法律执行方面被给予了优先地位，伪造者将会受到法律的严惩。至80年代中期，台湾地区的伪造活动已大幅减少。

知识产权方面的谈判主要涉及商标、版权和专利权三个方面。其实，早在1978年的美台贸易谈判中，商标保护问题就被正式提了出来。美国希望台湾地区减少伪造活动，并使那些侵犯美国商标的行为受到严惩。1981年4月，台湾地区"国际贸易局"颁布了"预防商标伪造和原产地伪造的管理规则"。实质上，这是一项防止伪造产品进入美国市场的出口管制措施。随后，台湾当局分别于1983年和1985年修改了"商标法"。修改后的"商标法"规定，无论美国的商标拥有者是否有权在台湾地区经营生意，或者该商标是否在台湾地区注册，其拥有者都可以向台湾地区法庭起诉侵权行为。此外，这些修改还进一步加大了对侵犯商标权行为的处罚力度，从而有效减少了台湾地区的出口贸易和伪造活动。1985年以后，伪造和商标都不再是美台贸易谈判中的重要议题。①

美台关于版权保护的磋商开始于1983年，美国《1988年综合贸易与竞争力法案》颁布后，版权问题成为双方一触即发的问题。台湾当局在1985年大规模修改了"版权法"，这次修改在创作而非注册原则上给予台湾民众版权保护，对外国人仍采取非国民待遇原则。随着台湾地区在个人电脑出口方面竞争力的提升和岛内电脑使用的日益普及，台湾地区的软件侵权问题日益突出。为了保护美国在台湾地区的经济利益，美国要求台湾当局于1985年修改了"版权法"。这次修改不仅将软件产品列入"版权保护条例"，还规定即使美国的版权拥有者无权在台湾地区经营生意，其拥有者仍可以向台湾地区法庭起诉侵权行为，并进一步加大了对侵权行为的处罚力度。

除商标、版权外，专利保护也是美台知识产权谈判中的优先讨论项。早期的一系列谈判促成了1986年12月台湾地区"专利法"的修改，使台湾当局能够给予化学和制造产品专利，以前只有化学和制造产品的制造过程可以取得专利权。此后很长一段时间里，美国没有再就专利权问题向台湾地区提出过抗议。

---

① Robert E. Baldwin, Tain-Jy Chen, Douglas Nelson, *Political Economy of U.S.-Taiwan Trade* (Ann Arbor: The University of Michigan Press, 1995), p.117.

（三）对美出口方面

"二战"后至80年代，美国一直在纺织和服装、机床、钢铁三个行业奉行传统的保护主义政策，对台湾地区的相关产品实行进口限制。纺织业方面，1982年，美台签订了纺织品自愿出口限制协定（VER）。1986年7月，美台经过谈判达成了一项新的纺织品协议。根据该协议，未来3年内台湾地区输美纺织品的年均增长率为0.5%，而此前台湾地区输美纺织品的年均增长率为15%。[①]而1986年美国与香港地区达成的纺织品协议规定，未来6年内香港地区输美纺织品的年均增长率为1%。机床行业方面，1986年12月，美台签订了一个为期5年的机床自愿出口限制协定。该协议规定，从台湾地区进口的数控车床被限制在占美国市场的3.23%，非数控车床为24.7%，铣床为19.29%，加工中心机为4.66%。[②]钢铁行业方面，虽然美台没有签订正式的自愿出口限制协定，但1986—1988年间，美国通过多次与台湾当局交涉、谈判，积极寻求台湾地区加入钢铁VER体系。80年代初期，台湾当局为了扩大美国钢材市场的占有率，抵抗住了美国的施压，但随着美国钢铁自愿出口限制措施的日益严格，台湾当局不得不一再妥协，并于1986年被迫同意在正式协定之外，以非正式的方式"自愿地"限制对美国市场的钢铁出口。1985年，台湾地区输美钢铁为210百万吨，1986年约为500百万吨，1987年一下子跌至250百万吨。[③]

70年代末期至80年代后期，美台贸易谈判的一个突出特征是单方面的：美国设置了谈判的议程表，在磋商过程中建议限制台湾地区的出口或者要求对潜在的美国进口货物开放市场，而台湾当局只能被动地为其保护主义者的地位作辩护。因此，台湾当局在谈判中奉行"少让为赢"的原则，所采取的策略是：做必要的、最小的让步使美国满意，同时避免岛内经济面临巨大的调整压力。除了回应美方减少对美贸易顺差的要求，在关税或非关税贸易壁垒方面进行调整外，台湾当局还多次派遣赴美特别采购团，增加对美采购。1978年1月至

---

① 于玟：《引人注目的美台经济摩擦》，《国际展望》1986年第17期，第24页。

② Robert E. Baldwin, Tain-Jy Chen, Douglas Nelson, *Political Economy of U.S.-Taiwan Trade* (Ann Arbor: The University of Michigan Press, 1995), p.177.

③ Robert E. Baldwin, Tain-Jy Chen, Douglas Nelson, *Political Economy of U.S.-Taiwan Trade* (Ann Arbor: The University of Michigan Press, 1995), pp.171–172.

1987 年 7 月，台湾当局共派遣赴美特别采购团 13 次，采购总金额达到 104.79 亿美元。[①] 具体采购项目包括大麦、小麦、玉米、黄豆、棉花、木材、浓缩果汁等农产品，波音 737 客机、发电设备、炼油设备、通信设备、仪器设备、电脑设备、硫黄等工业用品。

四、美台贸易失衡的原因及美国的保护主义政策

20 世纪 80 年代中期以前，台湾地区的对美贸易顺差并非个案，日本、韩国以及中国香港等国家和地区的对美贸易顺差均在大幅增加。自 20 世纪 70 年代早期以来，美国对外贸易进口额占其国民生产总值的比重就大幅攀升，并日益将欠发达国家和地区作为其主要的进口来源和出口市场。但 80 年代的债务约束和其他调整压力，迫使很多欠发达国家和地区通过限制进口和提升出口来保存外汇，这就导致了美国进口的增多和出口的下降。1980 年，美国的国际贸易虽然保持基本平衡，但 1980—1985 年间，美国的对外贸易逆差从 255 亿美元扩大到 1221.7 亿美元。美国出现巨额贸易逆差的因素极为复杂，如美国劳动生产率相对缓慢的增长、相对而言美国经济对于进口货物较大程度的开放、80 年代早期以来的强势美元政策等，而隐藏在这些因素背后的是贸易赤字的增加。相对于美国的主要贸易伙伴而言，美国的宏观经济政策严重不平衡，这种不平衡最突出的表现就是大量的财政赤字和 1981—1985 年间美元的大幅升值。[②]

整体而言，造成美台贸易不平衡的根本原因是，"二战"后至 80 年代美国国内基本产业竞争力的下降。根据国际生产循环模式可知，一个在新产品和新工艺的发展方面具有比较优势的经济体，将会成为新兴产业最初的生产国。但当生产过程和工艺被标准化、专业技术被推广后，生产地点便会从先导性国家转移到其他国家。[③] 例如，以纺织和服装、钢铁、机床为代表的基本产业的生产

---

① 根据王丽凤：《台湾"政府采购"的政治经济分析，1949—2004》，硕士学位论文，台湾大学政治系，2005，附表第 8 页的统计数据得出。

② Jimmy W. Wheeler and Perry L. Wood, *Beyond Recrimination: Perspectives on U.S.-Taiwan Trade Tensions* (Indianapolis: Hudson Institute, Inc., 1987), p.6.

③ Barry Eichengreen, "International Competition in the Products of U.S. Basic Industries", Martin Feldstein, ed., *The United States in the World Economy* (Chicago: The University of Chicago Press, 1988), p.293.

过程和工艺被标准化后，这类产业便逐渐从美国扩散到新兴工业化国家，美国在全球市场中的份额便不断下降。此外，发展中国家的低劳动力成本、低生产成本等优势，也加剧了发达国家基本产业竞争力的下降。下面，将分别以美国对台湾地区实行出口限制的三个行业——纺织和服装、钢铁、机床业在"二战"后至80年代制定并推行贸易保护政策的原因和历程为例，分析美国贸易保护主义政策的路径和结果，以期更深入透彻地分析美台之间的贸易失衡问题。

1. 纺织和服装业

20世纪30年代，美国在成为纺织和服装业的净进口国的同时，也面对着来自低收入国家的行业竞争。"二战"后，由于日本及其他纺织品出口国的生产能力被战争摧毁，美国面临的进口压力暂时得到缓解。但从50年代中期开始，日本逐渐恢复了棉纺织业的生产能力，并重新向美国市场出口大量的纺织品。为了应对外国竞争，美国棉纺织业者纷纷向政府施压，要求实行贸易限制。

1955—1956年间，美国要求日本政府"自愿地"限制棉纺织品出口，并于1957年1月与日本签订了为期5年的棉纺织品自愿出口限制协定。虽然这一协定成功地阻止了日本棉纺织品大量进入美国市场，却使得其他国家的对美出口迅速增加。再加上英国等欧洲国家在棉纺织品进口方面出台了更为严格的限定措施，以香港地区和其他英联邦国家为代表的棉纺织品出口国和地区，纷纷将出口转向美国市场来弥补失去的欧洲市场份额。在此情况下，美国棉纺织业者再次向政府施压，寻求更普遍的保护措施。

1961年10月，在美国的推动下，16个主要的棉纺织品进出口国家和地区签订了关于棉纺织品国际贸易的短期安排（STA）。STA覆盖了64类棉纺织品，有效期为1年，其关键特征是"市场破坏"条款，即"市场破坏"威胁的存在将使进口国和地区有权通过单方或协议方式要求出口国和地区限制其出口。不久，各签字方又开始谈判棉纺织品国际贸易的长期安排（LTA）。LTA的有效期为5年，并于1967年和1970年两度延长期限。LTA在本质上是一个框架协议，进出口国和地区可在此框架协议内通过签署双边协议来限制棉纺织品的贸易和生产。其限制范围扩大到了所有的棉纺织品，覆盖范围也扩大到了所有的纺织品贸易方。面对出口额的限制，出口国和地区将其出口侧重从受限制的棉纺织品转向了不受限制的非棉纺织品——羊毛和合成纺织品。二十世纪六七十年代，在生产成本下降、技术优势突出、市场需求旺盛等因素的综合作用下，合成纤维在世界纤维生产中的比重从 1960 年的 5% 提高到 1979 年的 36%。1960—1970 年间，美国合成纤维的进口增加了 10 倍。1964—1972 年间，由于棉纺织品配额的存在、发展中国家和地区合成纤维服装出口的激增，导致美国棉质服装的进口仅增长了 1/3，而合成纤维服装的进口则增长了 17 倍。[①] 与此同时，美国劳动力成本和美元汇率的上升也极大削弱了美国服装业的竞争力，在合成纤维进口激增的冲击下，LTA 最终破产。

1971 年和 1972 年，美国与日本、中国台湾等主要的棉纺织品出口国家和地区谈判了包括棉、羊毛和合成纤维的"自愿"出口限制协议，与欧洲国家也签订了类似的协议。为了创建一个更加多边的体系，1973 年 12 月，在美国的主导下，42 个主要的纺织品进出口国家和地区参与订立了第一个纤维协定（MFA）。MFA 继承了 LTA "市场破坏"的概念、双方协定的权力和单方数额限制的权力。1977 年议定书将第一个 MFA 延长了 4 年，这一议定书和第一个 MFA 共同构成了第二个 MFA。1979 年 2 月，在美国纺织业的压力下，卡特政府颁布了一份白皮书。这份白皮书明确提出，进口增长应与国内市场增长相关、"进口浪潮"应引发更严格的控制等，为第三个 MFA 定下了基调。1981 年 12 月，在欧共体的敦促以及里根总统的默许下，1981 年议定书被制定出来，并与第一个 MFA 共同构成了第三个 MFA。MFA 的宗旨是：通过发达国家和地区暂时地限制纺织品进口，或由发展中国家和地区自动地限制其纺织品出口，为发达国家和地区对其域内纺织业的调整提供机会。其本质则是，对来自发展中国家和地区的纺织品实行歧视性的进口数量限制。

2. 机床业

美国机床业的发展，与国防有着长期且密切的联系。早在 20 世纪 40 年代，美国政府就已经认识到，机床业是支撑整个工业经济的基础，对于国防具有重要的意义。

---

① Gary Clyde Hufbauer, Diane T. Berliner, Kimberly Ann Elliott, *Trade Protection in the United States: 31 Case Studies* (Washington, DC: Institute for International Economics, 1986), p.119.

20世纪50年代，机床业在美国国防部的资助下，以高科技数控产品为发展重心，最先发明出了数字控制的机床技术。此后，数控机床的购买者主要是军方，民用购买者主要是飞机制造业、汽车业等大买主。在这一市场导向下，只有少数大企业可以采用数控和电脑数控技术，至1970年时，最大的机床公司开始为航天航空工业发展分布式数控技术。而大量的小企业或继续生产传统机床，或从事低成本的简单数控机床的开发。

从20世纪70年代开始，美国机床业面临的国际竞争日趋激烈。20世纪60年代，日本机床生产商在日本政府的鼓励下，开始为传统的机床使用者发展数控和电脑数控技术。至70年代，日本数控机床已牢牢占据了低端数控产品的技术领先地位。与此同时，美国的大公司开始停止设计和制造低成本数控机床，转向发展大而复杂的高端数控机床，这既促使日本迅速抢占了低端数控机床的市场份额，也把美国机床业进一步推向了高端技术市场。那些以低端数控机床为目标市场的美国小公司，却因受制于数控标准之间的不兼容性、有限的研发能力和容积产量等，一步步丧失了国内市场。至80年代早期，美国机床业的竞争地位进一步下降，产量和利润均大幅下跌，而进口却快速增长。1981—1983年间，该行业的用工数下降了35%。[①] 在此形势下，美国机床业者只能向政府寻求贸易保护。

1983年3月，美国机床制造商协会（NMTBA）选择使用《1962年贸易扩展法》的第232条，以美国的国家安全受到当前机床进口水平的威胁为由，向美国商务部提交了一份呈请书，要求限制18种机床的进口，并将进口数额限制在国内消费的18%。1984年2月，美国商务部建议，机床业接受为期5年的进口救助。但白宫的贸易官员们担心，以国家安全为由争取到的保护被广泛滥用，且更轻易地变成永久性的，所以对在232条款下对机床业提供保护抱有相当大的抵制。

鉴于白宫的消极态度，NMTBA转而积极游说国会，最终美国贸易代表

① Elias Dinopoulos, Mordechai E. Kreinin, "The U.S. VER on Machine Tools: Causes and Effects", Robert E. Baldwin, ed., *Empirical Studies of Commercial Policy* (Chicago: University of Chicago Press, 1991), p.121.

署（USTR）同意与美国市场上主要的机床供应国家和地区展开谈判。1986 年
12 月 16 日，美国与日本缔结了一个为期 5 年的自愿出口限制协定，有效期为
1987 年 1 月 1 日至 1991 年 12 月 1 日。在这一协定中，数控车床、加工中心机、
数控冲孔和剪切机都被限制在 1981 年的市场份额，[①]而非数控车床、铣床、非
数控冲孔和剪切机则被限制在 1985 年的市场份额。此外，北美事务协调委员会
（CCNAA）和"美国在台协会（AIT）"也在当天签署了一个类似的协议。该协
议规定，数控车床的进口被限制在占美国市场的 3.23%，非数控车床为 24.7%，
铣床为 19.29%，加工中心机为 4.66%。[②]

3. 钢铁业

"二战"后的一段时间内，美国一直是全世界最大的钢铁生产国和出口国。
50 年代，由于日本和一些欧洲国家纷纷大力培养扶植本国钢铁业，再加上"吹
氧转炉"这项新技术的广泛应用大幅降低了生产成本，欧洲和日本的钢铁业迅
速崛起并成为重要的出口行业。而美国钢铁业由于依然沿用 40 年代的"平炉炼
钢"技术，丧失了技术优势，其主导地位也开始下降。

20 世纪 60 年代，高昂的钢铁价格、持续的工人罢工、技术上的劣势、外
国钢铁业的迅速崛起等因素，导致美国进口钢铁的市场份额从 1964 年的 7.3%
激增到 1968 年的 16.7%。[③]在此情况下，美国的钢铁业主和产业工人联合起来
向政府施压，要求限制进口。1968 年秋，参议院提出一项议案，要求将钢铁进
口数量限制在占美国市场的 9.6%。[④]为了因应这项议案，1968 年 12 月，日本
和欧共体分别与美国签订了自愿限制协定（VRA），同意从 1969 年 1 月 1 日起，
将各自对美国的出口限制在 5.75 百万吨（1969 年）、6.04 百万吨（1970 年）、

---

① Robert E. Baldwin, Tain-Jy Chen, Douglas Nelson, *Political Economy of U.S.-Taiwan Trade* (Ann Arbor: The University of Michigan Press, 1995), p.177.

② Robert E. Baldwin, Tain-Jy Chen, Douglas Nelson, *Political Economy of U.S.-Taiwan Trade* (Ann Arbor: The University of Michigan Press, 1995), p.177.

③ Michael O. Moore, "The Rise and Fall of Big Steel's Influence on U.S. Trade Policy", Anne O. Krueger, ed., *The Political Economy of Trade Protection* (Chicago: The University of Chicago Press, 1996), p.17.

④ Gary Clyde Hufbauer, Diane T. Berliner, Kimberly Ann Elliott, *Trade Protection in the United States: 31 Case Studies* (Washington, DC: Institute for International Economics, 1986), p.154.

6.35 百万吨（1971 年）。[1] 但是，因为 VRA 只是限制了欧共体和日本的输美钢铁数额，既没有限制具体的钢铁产品，也没有指定产品型号，所以，欧共体和日本便转而向美国输出那些具有更高附加值的钢铁产品。再加上未受 VRA 限制的国家和地区都增加了对美国的钢铁出口，因此，美国的钢铁进口在 1970 年有所下降后，在 1971 年和 1972 年又重新上升。1972 年 1 月 1 日，VRA 被延长了 3 年。延长后的 VRA 将英国也列入了受限制的国家，对具体钢产品的进口吨数进行了严格限制，还把允许进口的年增长率从 5% 降低至 2.5%。[2] 在其他市场更高需求和更高价格的刺激下，外国钢铁生产者逐渐放弃了美国市场，这个配额体系最终在 1974 年 12 月 31 日失效。

1974—1975 年间的严重经济衰退导致全球性钢铁需求的下降，大量的钢铁产品如潮水般涌入美国市场，美国钢铁业者向财政部呈递的反倾销诉讼也越来越多。1978 年 1 月，卡特政府提出了 "基准价格体系"（TPM）。鉴于日本是国际社会公认的生产成本较低的钢铁出口国，TPM 便以日本的单位生产成本、利润率和运往美国的运输成本为基础，为钢产品建立了 "公平价值" 的进口基准价格。低于基准价格进入美国市场的进口钢将被认定为倾销，并将自动引发一个由政府主导的反倾销调查。由于生产成本和美日汇率的变化，基准价格每一季度在 5% 的浮动范围内调整。其覆盖范围从 1978 年上半年 65% 的进口钢扩大到 1979 年第二季度约 85% 的进口钢，并扩展至 70 余种钢产品。[3] 但是日本和欧洲之间的生产成本差距，使得欧洲钢产品依然可以在基准价格以上进入美国市场。在美国钢铁公司对欧洲供应商提出大量的反倾销诉讼之后，卡特政府于 1980 年 3 月暂停了 TPM。同年 10 月，TPM 重新恢复，更新后的 TPM 设立了更高的基准价格和定量进口限制特别条款。80 年代，美国联合钢铁企业因受生产技术落后和劳动力成本高的影响，其产业竞争力迅速下降。如当时，36.5%

---

① Gary Clyde Hufbauer, Diane T. Berliner, Kimberly Ann Elliott, *Trade Protection in the United States: 31 Case Studies* (Washington, DC: Institute for International Economics, 1986), p.154.

② Gary Clyde Hufbauer, Diane T. Berliner, Kimberly Ann Elliott, *Trade Protection in the United States: 31 Case Studies* (Washington, DC: Institute for International Economics, 1986), p.155.

③ Gary Clyde Hufbauer, Diane T. Berliner, Kimberly Ann Elliott, *Trade Protection in the United States: 31 Case Studies* (Washington, DC: Institute for International Economics, 1986), p.163.

的美国企业仍在使用平炉炼钢技术，而使用这一技术的日本企业只有 4.1%。再如 1979 年，美国联合钢铁企业的单位劳动力成本是每吨 162.7 美元，日本是每吨约 49.8 美元。[①]1982 年，美国钢铁业经历了自 1930 年代"大萧条"以来最严重的衰退，美国钢铁制造商们将矛头指向了欧共体，指责欧共体的倾销和出口补贴等不公平贸易做法是造成这一困境的主要原因。1982 年 1 月，7 个美国钢铁制造商向美国国际贸易委员会和商务部呈递了针对欧共体所有成员国、巴西和罗马尼亚等 11 个国家的 61 个反补贴税和 33 个反倾销税请愿，导致 TPM 的最终实效。

1982 年 10 月，美国与欧共体达成了新的 VRA。该协议计划持续到 1985 年 12 月。其主要内容如下：欧共体 11 种碳钢产品的出口被限制在占美国市场的 5.5%；钢管被限制在 5.9%。[②] 作为回应，欧共体也采取了相应的进口限制措施。美国对于欧洲出口商增加的限制以及欧洲对于日本和新兴工业化国家出口商增加的限制，导致了非欧洲国家钢铁商对美国出口的大幅增长。

1984 年 9 月，里根总统要求美国贸易代表署在 90 天之内同主要的钢铁出口国协商一个为期 5 年的"进口控制"协议。这个新的"全球自愿"限制协议，将成品碳钢的进口额限制在占国内市场的 18.5%。[③] 尤为重要的是，这个配额是建立在具体产品和具体国家的基础上的，并且包括了所有重要的钢铁出口国。

从美国对其国内纺织和服装、钢铁、机床业三个行业的保护历程来看，美国的贸易保护主义政策由来已久，并已建立起一个完整的保护主义体系和机制。三个行业的保护主义政策都采取了相似的路径，即对特定国家和地区的特定产品进行数量配额的限制，此后逐步增加可以被限制协定覆盖的产品类型及出口国和地区。由此可知，美国的保护主义政策的初衷是：通过数量限额的方法为国内产业调整提供必要的时间和资源，从而达到提高产业竞争力以有效应对

---

①　Michael O. Moore, "The Rise and Fall of Big Steel's Influence on U.S. Trade Policy", Anne O. Krueger, ed., *The Political Economy of Trade Protection* (Chicago: The University of Chicago Press, 1996), p.20.

②　Gary Clyde Hufbauer, Diane T. Berliner, Kimberly Ann Elliott, *Trade Protection in the United States: 31 Case Studies* (Washington, DC: Institute for International Economics, 1986), p.170.

③　Gary Clyde Hufbauer, Diane T. Berliner, Kimberly Ann Elliott, *Trade Protection in the United States: 31 Case Studies* (Washington, DC: Institute for International Economics, 1986), p.172.

外国竞争的目的。虽然其在一定时期内的确限制了一些国家特定产品的出口，但不可避免地导致受限制的制造商转而生产其他产品。而且在大多数时期，数量限额的方法对进口来源的影响比对进口数量的影响更大。因此，贸易保护主义政策只是为美国国内的纺织和服装、机床业、钢铁业提供了有限的保护，并没有真正提高它们的产业竞争力。尽管一系列自愿出口限制协定暂时阻止了进口渗透，但并不能阻止美国传统制造业竞争优势的逐渐消失。

第二节 激烈的美台贸易摩擦（20 世纪 80 年代后期至 90 年代中期）

一、平稳增长的美台贸易

经历了 20 世纪 80 年代前期的快速增长之后，美台贸易往来在 80 年代后期至 90 年代中期，进入了平稳增长的时期。如表 3–2 所示，美台贸易总量在 1989 年和 1990 年连续两年出现了负增长。1991 年，双方进出口贸易总额又回到 1988 年的水平，此后便呈现出稳步增长的趋势。1988—1995 年间，美台贸易总额从 364.8 亿美元增长到 471.8 亿美元，仅扩大了 1.29 倍。在台湾地区对美出口方面，1988 年的出口额比 1987 年下降了 0.88%，1989 年增长了 2.42%，1990 年又下降了 9.52%。此后的 5 年间，台湾地区的对美出口额稳步缓慢增长。在台湾地区自美进口方面，1988 年的自美进口额较 1987 年激增了 70.06%，1989 年下降了 7.76%，此后则稳步扩大。自美进口额的激增，导致台湾地区对美贸易顺差在 1988 年大幅减少。至 1995 年，台湾地区对美贸易顺差仅为 56.4 亿美元，回到 80 年代初期的水平。在出口商品结构方面，电子、机械和资讯产品成为这一时期台湾地区对美出口的主要产品，鞋帽和玩具的比重则大幅降低。

由此可见，美台贸易在 20 世纪 80 年代后期至 90 年代中期的总体趋势是：第一，除了 1988—1991 年间的进出口额和贸易总额出现波动之外，美台贸易总量、台湾地区对美出口额和自美进口额均在稳步缓慢增长。第二，美国在台湾地区整体出口中的比重呈逐步下降趋势。如 1988 年，对美出口额占到台湾地区整体出口的 38.68%，1995 年下降到 22.50%。第三，虽然台湾当局积极鼓励民众购买"美国货",但自美进口额在台湾地区整体进口中的比重只是略微增加。1988年,台湾地区购买的美国货物和服务占到其整体进口的26.19%,1995年为20.06%。第四,新台币对美元汇率的大幅升值,直接导致了1987年后台湾地区对美出口的停滞。直到1993年,台湾地区的对美出口额才恢复到1987年的水平。与此同时,台湾地区的自美进口额却在逐年增加。在此情况下,台湾地区对美贸易顺差迅速下降。如1988—1995年间,台湾地区对美贸易顺差减少了46.08%。

表3-2 1988—1995年间美台贸易统计表

单位:亿美元

年　份	贸易总额	台湾地区对美出口额	台湾地区自美进口额	台湾地区对美进出口差额	对美出口占台湾地区出口份额(%)	自美进口占台湾地区进口份额(%)
1988	368.4	247.1	121.3	125.8	38.68	26.19
1989	356.4	243.1	113.3	129.8	36.25	22.97
1990	341.6	226.7	114.9	111.8	32.35	23.05
1991	362.0	230.2	131.8	98.4	29.30	22.45
1992	398.5	246.0	152.5	93.5	28.93	21.90
1993	412.7	251.0	161.7	89.3	27.72	21.70
1994	438.1	267.0	171.1	95.9	26.16	21.14
1995	482.6	289.7	192.9	96.8	22.50	20.06

资料来源:美台贸易总额、台湾地区对美出口额和自美进口额、美台贸易差额的数据,来自美国商务部统计局公布的相关资料。1988—1995年间,对美出口占台湾地区整体出口的份额、自美进口占台湾地区整体进口的份额,则来自林长华:《战后美台贸易关系发展趋势分析》,《台湾研究集刊》2001年第1期(总第71期),第34页。

这一时期,美台贸易的显著特点是:双方经贸关系和官方经贸往来得到了极大的巩固和提升。1992年2月18日至22日,由美国总统出口委员会副主席多兰率领的美国总统出口委员会贸易代表团访问台湾地区,旨在争取参与台湾地区"六年发展计划"中的部分项目。同年 12 月，由美国贸易代表署贸易代表希尔斯率领的代表团访问台湾地区，与台湾当局和工商界人士就美台经贸方面的问题进行了磋商。1994 年，克林顿政府公布所谓"调整对台政策"框架，允许台湾地区驻美机构"北美事务协调委员会"更名为"台北驻美国经济文化代表处"；允许美国经济及技术部门内阁成员，通过"美国在台协会"安排与台湾代表在官署会晤；提议通过"美国在台协会"举行定期"内阁副部长级"经济对话，谈判签订贸易投资架构协议；等等。

二、美台贸易冲突的激化

1987 年以后，美台之间的贸易冲突与摩擦越来越密集。庞大的贸易逆差，使美国对台湾地区采取了一系列打压措施：对台湾地区输美产品实施数量上的限制；强迫台湾地区购买更多的美国产品；要求台湾地区进一步降低关税、开放市场；举行不定期的汇率谈判，强迫新台币升值。1989 年 1 月，美国以台湾地区不再是一个在贸易方面需要优惠待遇的发展中经济体为由，取消了对包括台湾地区在内的"亚洲四小龙"的普惠制待遇。1995 年 1 月，美台签署了"贸易与投资框架协议"，并成立了一个常设的贸易与投资咨询委员会，作为解决美台贸易、投资及知识产权争端问题的沟通渠道。

在美国的压力下，台湾地区被迫采取了一些减少对美贸易顺差的措施。1989 年 1 月，台湾当局制定了重建美台贸易关系的总体规划，详细规划于 1992 年出台。该计划要求台湾地区整体的贸易顺差到 1992 年减少到占地区生产总值的 4%，平均关税到 1992 年要降低到 3.5%，或者降低到与发达国家相近的水平。[①] 该计划实际上是一个经济重建的广泛计划，涉及农业、汽车、交通、银行、保险、证券、政府采购、对外投资等领域开放市场的顺序和目标，并对知识产权给予了更多的保护。其基本策略是：通过扩大内部需求，分散出口市场，把对美贸易不平衡问题降低到可以控制的水平。除此之外，台湾地区还将新台币升值了 50% 以上，降低了许多进口产品的关税和其他壁垒，取消了对美国产

---

① Robert E. Baldwin, Tain-Jy Chen, Douglas Nelson, *Political Economy of U.S.-Taiwan Trade* (Ann Arbor: The University of Michigan Press, 1995), p.95.

品和服务的贸易障碍，并大量购买美国产品。如 1988—1990 年间，台湾当局派遣的赴美特别采购团的采购总金额达到 9.41 亿美元。[①] 为了加强美台经贸关系，台湾当局还把"六年发展计划"中的许多工程项目承包给了美国公司。

在一系列"301 条款"行动之后，台湾当局清醒认识到，被动回应的态度和就事论事的做法并不是解决美台贸易争端的根本之策，于是改变了在每个议题上做最小化让步的原有策略，将提出的议题视为一个整体，并建议一个优先顺序，牺牲不重要的议题，保全重要的议题。如美国要求台湾当局进一步开放农业领域和金融服务业领域时，鉴于自身与金融部门的特殊利益集团的关系更为紧密，台湾当局往往会牺牲掉农业部门的利益，以保全金融部门的利益。

20 世纪 80 年代后期至 90 年代中期的美台贸易模式可概括为"提议者—遵循者"。在美国的压力下，台湾当局不得不做出必要的让步。美台在经济、国际地位上的不平等关系，是造成双方贸易地位不平等的根本原因。

首先，经济方面，美国地大物博，拥有丰富的自然资源和多样的产业结构，而台湾地区地狭人稠，自然资源有限，市场狭小，故对外贸易就成为其经济发展的"生命线"。1990 年，进口额、出口额在美国国民生产总值中所占的比重分别是 9% 和 7%，而 1989 年，进口额、出口额在台湾地区生产总值中所占的比重分别是 43% 和 52%。

此外，美台的对外贸易依存度不同。1986 年，台湾地区的对外贸易依存度是 101.2%，在世界上名列前茅，而美国和日本作为台湾地区最重要的两个贸易伙伴，在其外贸市场中的占比分别是 55% 和 59%。美国是对外贸易依存度较低的国家，其对台湾地区的贸易依赖度也非常低。1986 年，美台贸易总额为 245 亿美元，不到美国国民生产总值的 1%，却占到台湾地区生产总值的 34%。台湾地区的自美进口额占其进口总额的 22%，对美出口额占其出口总额的 48%。而台湾地区在美国进出口市场中所占的份额仅为 2% 和 5%。

其次，国际地位方面，苏联解体后，美国成为世界上唯一的超级大国。自 1972 年退出联合国之后，短短数年间，台湾当局便陆续丧失了在所有政府间国

---

① 　王丽凤：《台湾"政府采购"的政治经济分析，1949—2004》，硕士学位论文，台湾大学政治系，2005，第 8 页，附表 2–4。

际组织中的席位，对美国的依赖程度与日俱增。国际地位的巨大悬殊对美台贸易谈判造成的直接影响是：美国设置谈判的议程表，台湾当局只能做必要的、最小的让步使美国满意，同时避免岛内经济面临巨大的调整压力。

三、美台贸易谈判

（一）农业

在农业贸易领域，美台在牛肉和火鸡肉的进口问题上产生了激烈的贸易摩擦。牛肉进口方面，鉴于低级牛肉的进口严重损害了岛内牧场主的利益，台湾当局曾一度暂停了低级牛肉进口的配额。在美国表示抗议之后，台湾当局虽然重新恢复了配额，却施加了高于1978年"美台贸易协定"规定的进口关税。为了解决高关税的问题，美台于1989年5月举行了第一轮谈判，却没有签署任何协议，美国扬言将对台湾地区采取报复性措施。在此情况下，台湾当局被迫于1990年同意将上等牛肉的关税降低到1978年"美台贸易协定"规定的水平以下，用来赔偿对低等牛肉施加的高关税。此外，还承诺上等牛肉的低关税将保持54个月、低等牛肉的高关税将保持40个月，之后两者都将恢复到1978年"美台贸易协定"规定的水平。[①]

与牛肉进口贸易相比，火鸡肉进口的贸易冲突更为严重。1987年下半年，随着快餐业的蓬勃发展，火鸡肉进口量也急剧增加，导致岛内市场上火鸡的替代品——鸡肉的价格大跌。岛内鸡农们纷纷游说"农委会"，要求对岛内养鸡业给予保护，"农委会"于1988年1月宣布收回"国际贸易局"颁发"火鸡进口许可证"的权力。此举遭到美国贸易代表署的强烈抗议。同年2月，美台在台北举行了第一轮火鸡问题谈判。会上，台湾地区的代表同意在5月1日重新恢复"国际贸易局"颁发"火鸡进口许可证"的权力。为了抗议当局的快速妥协，鸡农们于3月6日在"美国在台协会"和"国际贸易局"门前举行了示威活动。作为回应，"国际贸易局"宣布从6月1日起，只允许整只火鸡的进口，火鸡部位则禁止进口。同年8月，美台第二轮火鸡问题谈判在夏威夷举行。会上，台

---

① Robert E. Baldwin, Tain-Jy Chen, Douglas Nelson, *Political Economy of U.S.-Taiwan Trade* (Ann Arbor: The University of Michigan Press, 1995), p.102.

湾地区的代表仅在禁止火鸡部位进口的问题上做出了象征性让步。同年 12 月，美国贸易政策审议咨询委员会提出了在"301 条款"下对台湾地区采取报复行动的建议。在美国和岛内鸡农们的压力下，"农委会"于当年 12 月颁布了一项农产品进口援助措施，旨在为遭遇进口竞争的鸡农们提供赔偿。1989 年 1 月，美台第三轮火鸡问题谈判在华盛顿举行，双方达成了一项协议：台湾当局承诺在 1990 年 9 月 1 日，撤销对美国火鸡肉的所有进口管制。

除牛肉进口和火鸡进口外，进口水果的关税问题在 1989 年和 1990 年的美台贸易谈判中也被提了出来。美国贸易代表署在 1990 年美国对外贸易障碍评估报告中说，假如台湾地区的关税被全部取消，美国新鲜苹果、梨、橘子和猕猴桃的出口额将增加 600 万美元，果汁将增加 300 万美元，干果将增加 800 万美元，巧克力和糖果将增加 1000 万美元。[①]1989 年 1 月，台湾当局在加强对美经贸活动的项目纲领中提出：至 1992 年，农产品的平均关税要降低到 19.82%。

（二）烈酒

开放香烟、啤酒和葡萄酒的进口，使得台湾地区推迟了烈性酒的进口。1987 年和 1989 年，美台贸易谈判中均曾提出过烈性酒进口的议题，但由于当时双方谈判的焦点问题在于火鸡进口和知识产权，故美国并没有积极推动这项议题的谈判。直到 1990 年，美国才将注意力转向烈性酒进口方面，并不断向台湾当局施压。1990 年 6 月，台湾当局原则上同意取消"烟酒公卖局"独家进口烈性酒的权力。由于双方没有在开放日期和关税问题上达成一致，随后的谈判陷入了僵局。1990 年 12 月 1 日，台湾当局单方面宣布了一项开放烈酒进口的计划。在此项计划中，开放日程甚至设定在美国代表提议的时间表之前，烈酒市场的开放次序为：威士忌最先开放，其次是朗姆酒、杜松子酒和伏特加，白兰地最后开放。这项计划宣布后，美台开始谈判烈酒进口的关税问题，双方很快就达成了一项协议。

（三）金融服务业

自 1978 年美台开始贸易谈判后，美国的代表每年都会提出开放金融服务业

---

① Robert E. Baldwin, Tain-Jy Chen, Douglas Nelson, *Political Economy of U.S.-Taiwan Trade* (Ann Arbor: The University of Michigan Press, 1995), pp.103–104.

的议题。在美国的压力下，台湾当局先后改写了"证券交易法"（1988年）、"银行法"（1989年）、"保险法"（1990年）。① 这些修改旨在重建岛内金融服务业的市场结构和游戏规则，为进一步的开放做准备。如1989年修改的"银行法"允许设立民营商业银行，而此前只能设立公营商业银行。争取在给予外国银行岛内待遇之前，为岛内银行业的进一步发展扫清障碍。

1. 银行业

台湾当局对外国银行在岛内开设分行有着严格的资格要求，如与岛内银行和主要企业在前3年的业务量超过10亿美元；在台设立办事处超过2年，与岛内企业的业务量达到10亿美元，同时在申请开设分行的前一年，资产总额在世界前150名内。截至1992年12月，台湾地区共有36家外国银行，其中美国银行有11家。由此可见，这些准入条件对美国银行是有利的。因此，美台贸易谈判的重点是台湾当局对外国银行的营业限制、给予外国银行岛内待遇等问题。台湾当局以服务业的岛内待遇原则仍在GATT内部谈判为由，反对美国超越GATT的原则来推动这项议题。台湾当局对外国银行的营业限制主要包括：设立分行、借记卡和信用卡业务、储蓄存款和长期贷款、存款和借贷的限额，等等。经过双方谈判，台湾当局逐渐放宽了对这些领域的限制。台湾当局还坚持，只有在岛内的民营银行进入市场后，才会解除对外国银行的营业限制，给予外国银行岛内待遇。其中，台湾当局对外国银行的营业限制的解除情况如下：

①开设分行。1986年以前，台湾当局只允许外国银行在台北开设一家分行。1986年8月以后，台湾当同意外国银行在高雄设立第二家分行。随后，又允许在其他城市设立分行。

②借记卡和信用卡业务。首先，台湾当局于1988年8月允许外国银行加入岛内银行的借记卡业务。其次，给予外国银行发放用新台币结算的信用卡的特权。最后，授权外国银行发行用美元结算的信用卡。

③储蓄存款和长期贷款。1989年以前，外国银行被禁止接受超过7年的储蓄存款和贷款。1989年7月取消了这项限制。

---

① Robert E. Baldwin, Tain-Jy Chen, Douglas Nelson, *Political Economy of U.S.-Taiwan Trade* (Ann Arbor: The University of Michigan Press, 1995), p.109.

④存款和借款限额。1990年底，一家外国银行的最高存款额为其注册资本的15倍，借贷限额为50亿新台币，或以新台币计算的资产总额的10%。

2. 保险业

1987年以前，美台保险业谈判中的突出问题是市场准入。早在1978年，美国就要求进入台湾保险业市场。直到1987年10月，台湾当局才同意每年给予美国的保险公司两个人身保险营业许可证和两个财产保险营业许可证。[①] 随后，台湾当局又允许美国可以集中许可证的限额，以便将财产保险没有用完的配额转化成人身保险的配额。截至1990年，共有12家美国保险公司在台湾地区设立，与岛内的8家保险公司形成竞争局面。此后，美国进一步要求，在台湾地区开设的美国保险公司应被允许使用自己的基金和负债准备金投资房地产市场和证券市场。台湾当局仅准许岛内的美国保险公司通过自己的总部在证券市场投资。台湾当局对于外国保险公司既有资产和债务方面的规定，又有产品方面的规定。所有保险业政策均须先经过保险委员会批准后，再由台"财政部"授权。如美国保险公司安泰提出销售传统的人身保险申请时，台"财政部"提出，其应向台湾地区引进一项新的产品。安泰表示抗议，并通过美国贸易代表署向台湾当局施压后，其申请才被批准。

3. 证券

1987年7月以前，外汇一直被台湾"中央银行"牢牢控制着。当美国要求开放岛内的证券市场时，台湾当局只是以国际合资企业的形式成立了四家信托投资管理公司。其中，台湾方面的股东是与国民党联系密切的金融集团，外国方面的股东是美国的银行和证券公司。通过这四家信托投资管理公司，外国投资者可以间接在岛内的股票市场上投资。

1987年，外汇管制的开放虽然扫清了外汇汇出的障碍，但外汇汇入仍受到限制，外国证券公司和投资者在法律层面和技术操作层面都无法直接参与岛内的股票市场。1986—1987年间，随着岛内股票市场的繁荣发展，美国不断向台湾当局施加压力，要求其开放市场。1988年，台湾当局修改了"证券法"和

①　Robert E. Baldwin, Tain-Jy Chen, Douglas Nelson, *Political Economy of U.S.-Taiwan Trade* (Ann Arbor: The University of Michigan Press, 1995), p.112.

"汇率法"，允许外国证券公司以附属机构的形式在台湾地区运营，而外国资本在该附属机构中的最高限额为40%。1989年，台"金融部"颁行了一系列更为开放的政策，如每年允许三家外国证券公司在台湾地区开设分行；在资格方面，申请营业的外国证券公司必须在纽约、伦敦和东京证券市场拥有营业权。1990年，三个许可证中的两个都给予了美国的证券公司。[1]1990年12月，台湾当局采取的一项措施，为外国投资者直接在岛内的股票市场上投资扫清了最后的障碍。此后，台湾股票市场逐步走向国际化和自由化。

（四）知识产权

1986年后，知识产权问题就成为美台贸易谈判中的重点问题。美国于1988年颁布的《贸易和竞争力综合法案》，系统地将知识产权保护问题纳入"特别301条款"体系之中。根据"特殊301条款"的规定，美国贸易代表经过调查，有权将未能对美国知识产权进行充分和有效保护的国家列入"观察名单""优先观察名单"，并采取高额关税等报复行动。美国贸易代表署在第一份报告中，就将台湾地区列入"特殊301优先观察名单"中。在美国的不断施压下，台湾当局被迫于1990年两次修改了"版权法"。[2]

美台知识产权谈判覆盖了多项议题，美国最初关注的焦点问题是伪造商品和专利，然后是教科书、电脑软件、动画片、录像带、激光唱片等的版权问题。[3]台湾当局在修改相关法律法规的同时，还成立了保护知识产权的"反伪造委员会"。这些措施虽然极大减少了台湾地区的侵权行为，但由于台湾地区知识产权问题的复杂性和，台湾地区在1989—1998年间依然被列入"特殊301优先观察名单"之中。[4]

---

① Robert E. Baldwin, Tain-Jy Chen, Douglas Nelson, *Political Economy of U.S.-Taiwan Trade* (Ann Arbor: The University of Michigan Press, 1995), p.114.

② Robert E. Baldwin, Tain-Jy Chen, Douglas Nelson, *Political Economy of U.S.-Taiwan Trade* (Ann Arbor: The University of Michigan Press, 1995), p.115.

③ Da-Nien Liu and Wen-Jung Lien, "The Trade Relationship Between Taiwan and The U.S.", Jaw-Ling Joanne Chang and William W. Boyer ed., *United States-Taiwan Relations: Twenty Years After The Taiwan Relations Act* (Baltimore: Maryland Series in Contemporary Asian Studies, Inc., 2000), p142.

④ Da-Nien Liu and Wen-Jung Lien, "The Trade Relationship Between Taiwan and The U.S.", Jaw-Ling Joanne Chang and William W. Boyer ed., *United States-Taiwan Relations: Twenty Years After The Taiwan Relations Act* (Baltimore: Maryland Series in Contemporary Asian Studies, Inc., 2000), p142.

1. 版权

1988 年以后，美台知识产权谈判的焦点转向了电影。MTV 演播室如雨后春笋般出现在台湾地区，因为无版权的电影录影带也可在 MTV 演播室里播放，给那些只从正规电影院收取经营费用的美国电影制作商们造成巨大损失，所以电影版权就成为 1989—1990 年间美台知识产权谈判中的焦点议题。1989 年 5 月，美国贸易代表署在第一份报告中就将台湾地区列入"特殊 301 优先观察名单"中。[①] 在美台贸易谈判中，美国的代表要求台湾当局为从 MTV 演播室收取许可证费和放映或出租美国电影的电影出租者们提供一项法律的基础。1989 年 7 月，台湾当局同意在"版权法"中增加一项"公共表演"的定义作为规范 MTV 业务的基础。1989 年 8 月，台"行政院"通过了"版权法"的修改草案，并上交"立法院"。"公共表演"的定义虽然被采纳，但修改后的"版权法"规定，只有在以营利为目的的情况下，使用未被许可的原作品的公共表演才有可能被起诉。1989 年 10 月，美国贸易代表署发出最后通牒，要求台湾当局取消"以营利为目的"这一条件，否则将会对其采取报复行动。

为了规避美国的报复行动，台"立法院"于 1990 年 1 月仓促通过了"版权法"的修正案。此次修改除了改变"公共表演"的条件，将版权保护期限延长至作者终生及其死亡后 50 年外，还明确规定外国人的著作无须注册，即可获得版权保护。该法案通过后，台湾地区便顺利从"优先观察名单"中除名。

1990 年 1 月"版权法"修改后，一个更为全面的修订草案在 1990 年底上交至"立法院"。此次修改添加了一项条款，即 MTV 的经营者们需要许可证，才能公开放映受版权保护的著作，而录影带的出租者们则不受此规定的限制。由于该法案的执行被搁置了两年之久，台湾当局为此付出了巨大代价。在 1992 年的美台贸易谈判中，美国的代表指出，台湾地区出口到美国的电脑软件侵犯了知识产权，正是台湾当局宽松的"版权法"纵容了此类侵权行为的发生。于是，美国的代表要求台湾当局建立一套出口检查方案，在电脑硬件出口前检查其是否侵犯了知识产权。台湾的代表则提出，该做法不仅浪费了大量的人力物

---

① Robert E. Baldwin, Tain-Jy Chen, Douglas Nelson, *Political Economy of U.S.-Taiwan Trade* (Ann Arbor: The University of Michigan Press, 1995), p.118.

力，而且延迟了硬件制造商运送货物的时间，便拒绝了这一要求。[①]

据美国贸易代表署统计，1992年，台湾地区向美国出口了价值540亿美元的电脑产品，通过盗版和伪造商标给美国制造商造成的损失达到3.7亿美元。因此，1992年4月，美国贸易代表署再次将台湾地区列入"优先观察名单"中。为了规避美国的报复行动，台"立法院"于次月便通过了"版权法"的修正案。

随后一轮的知识产权谈判异常艰难，最终按照美国的要求缔结了协定。台湾当局被迫做出三项承诺：第一，将引进一项出口许可方案，以防止激光唱片和电脑软件的盗版；第二，将加强对半导体、工业设计、商业秘密等的知识产权保护，并加强对违反知识产权行为的遏制和赔偿条款；第三，将宣传一项有线电视法律，以保护美国电影在有线网络上的播放。做出上述承诺后，美国贸易代表署才同意将台湾地区从"优先观察名单"中除名。

2. 专利权

1989年版权协议签订之后，专利保护问题再次被提上日程。美国进一步要求将专利保护扩展至食品、微生物和饮料领域，且新设计的专利期限应从5年延长至10年。[②]1991年初，台湾当局承诺将按照美国的要求，对"专利法"进行再次修改。

1992年的美台知识产权谈判中，美国的代表提出制药和化学产品的专利保护应具有回溯效力。即在台湾地区1986年以前的"专利法"之下未受专利保护的产品，都应自动给予8年的专利保护。谈判期间，由于岛内的制药业者举行了一场街头抗议，美国的代表只好将这一议题留到后续谈判中再议。

20世纪80年代末期，台商对祖国大陆投资的快速增长，促使台湾地区劳动密集型企业的海外生产基地逐渐转移到祖国大陆，由此导致对美直接出口的减少和对祖国大陆出口半成品和机械设备的增加。在间接投资的带动下，两岸间接贸易总额在1987年以后有了较大突破，1989年达到35亿美元左右，是1979年的40多倍。一方面，随着台湾地区的主要出口市场逐渐从美国转移到

---

① Robert E. Baldwin, Tain-Jy Chen, Douglas Nelson, *Political Economy of U.S.-Taiwan Trade* (Ann Arbor: The University of Michigan Press, 1995), p.119.

② Robert E. Baldwin, Tain-Jy Chen, Douglas Nelson, *Political Economy of U.S.-Taiwan Trade* (Ann Arbor: The University of Michigan Press, 1995), p.120.

祖国大陆，自 1991 年起，祖国大陆取代美国，成为台湾地区最大的贸易顺差来源地；另一方面，90 年代初期，美国以高新技术为核心的新兴工业呈现蓬勃向上的发展趋势，促使美国经济全面好转。在上述因素的共同作用下，台湾地区对美贸易顺差连年下降，至 90 年代中期，已降至美国乐于接受的水平，美台之间的贸易冲突和摩擦也随之大幅减少。

第三节　新形势下的美台贸易（20 世纪 90 年代中期至 21 世纪初期）

一、美台贸易的波动起伏

20 世纪 90 年代中期以后，美台贸易关系进入了新的发展阶段。与前一时期相比，这一阶段的美台贸易关系呈现出跌宕起伏、复杂多变的状态。如表 3-3 所示，1996—2008 年间，美台贸易额出现了 4 次负增长。1998 年，受亚洲金融危机的影响，台湾地区对美贸易出现了负增长。2001 年，受 "9·11" 的影响，世界贸易形势恶化，再加上岛内投资和消费的萎缩等，导致台湾地区对外贸易出现了有史以来最大的下降，其对美贸易额也跌至谷底，并在 2002 年、2003 年持续下降。2004 年后，才出现稳中有升的趋势。对美出口方面，受国际贸易极度疲软和台湾地区经济急剧恶化的影响，2001 年、2002 年和 2003 年的对美出口额分别比上一年下跌 20.93%、2.73%、2.99%。2004 年后，除在 2007 年稍微下降之外，其他年份的对美出口额均呈现稳步增长的态势；自美进口方面，与 20 世纪 80 年代后期至 90 年代中期相比，这一阶段的自美进口额呈现出极不稳定的状态，共出现了 8 次负增长。与之相对应的是，美台贸易差额也呈现出了起伏不定的态势，共出现了 6 次负增长。

表 3-3　1996—2008 年间美台贸易统计

单位：亿美元

年份	贸易总额	出口额	进口额	对美贸易差额
1996	483.7	299.1	184.6	114.5

续表

1997	530.0	326.3	203.7	122.6
1998	512.8	331.2	181.6	149.6
1999	543.3	352.0	191.3	160.7
2000	649.1	405.0	244.1	160.9
2001	514.9	333.7	181.2	152.5
2002	505.3	321.5	183.8	137.7
2003	490.5	316.0	174.5	141.5
2004	562.1	346.2	215.9	130.3
2005	564.4	348.3	216.1	132.2
2006	609.2	382.1	227.1	155.0
2007	641.1	382.8	258.3	124.5
2008	612.6	363.3	249.3	114.0

资料来源：美国商务部统计局网站：https://www.census.gov/foreign-trade/balance/c5830.html#2008.

这一阶段，台湾地区对美出口的产品主要有：纺织品、橡胶制品、基本金属制品、机械电子设备和运输设备。其中，机械电子设备一直高居台湾地区输美产品的首位，橡胶制品、基本金属品和运输设备的出口额总体上呈现出逐年增长的趋势，而纺织品的出口额则逐年下降。与80年代相比，劳动密集型产品在对美出口产品中的比重大幅下降，技术和资本密集型产品的比重则在不断上升。而这一时期，台湾地区自美进口的产品主要有：机械电子设备、化学产品、运输设备、基本金属制品和大豆。

90年代中期以后，美台贸易在各自贸易格局中的比重稳步下降：1996—1999年间，对美出口额占台湾地区出口总额的比重分别为23.17%、24.21%、26.56%、25.02%；自美进口额占台湾地区进口总额的比重分别为19.51%、20.31%、18.79%、17.79%。[1]同一时期，对台出口额占美国出口总额的比重分别为3.20%、3.37%、2.70%、2.70%；自台进口额占美国进口总额的比重分别为

---

[1]　林长华：《战后美台贸易关系发展趋势分析》，《台湾研究集刊》2001年第1期，第34页。

3.27%、3.29%、3.60%、3.40%。[①]总体而言，90年代中期至21世纪初期，对美进出口额在台湾地区进出口总额中的比重和对台进出口额在美国进出口总额中的比重，均低于70年代末期至90年代中期。也就是说，美台贸易总额在稳步扩大的同时，双方贸易关系的密切程度和依赖程度已经有所下降。

90年代中期之后，美台贸易关系发生了新的变化。一方面，自90年代以来，美国的信息技术产业发展迅速，其产值在国民生产总值中的比重日益增大，并最终成为美国最大的产业；另一方面，自80年代起，随着台湾地区劳动密集型产业的生存空间和成本优势逐渐消失，台湾当局不得不调整内部产业结构，转而发展技术和资本密集型产业，其信息技术产业也迅速崛起。1995年，台湾地区信息技术产业的产值跃居世界第三位，信息技术产业也成为台湾地区第一大出口产业。[②]随着美台内部产业结构的调整，美台贸易关系出现了新的发展趋势：高新技术产业的快速发展使得美台之间的产业关联性增强，并在一定程度上形成了"科技产业共生关系"。[③]机械电子产品在台湾地区输美产品中的比重快速攀升，并成为带动台湾地区对美出口的新引擎。信息经济阻止了美台贸易依存度不断下降的趋势，2004—2008年间，美台贸易总额和进出口额都出现了恢复性的增长。

二、美台自由贸易协定

步入21世纪以来，美台双方都积极地推动"自由贸易协定（FTA）"的签订。20世纪80年代末，创建贸易集团成为全球经济发展的热点，为避免因政治原因而被排除在亚洲集团或泛亚洲集团之外，台湾当局便试图构建一个包括美国、日本、东盟、韩国、澳大利亚、新西兰、中国香港等国家和地区的亚太自由贸易区，而与美国签订一项"自由贸易协定"就成为该计划的第一步。早在1986年，台湾当局就曾提议与美国签署"自由贸易协定"，但美国一直未予

---

① 林长华：《战后美台贸易关系发展趋势分析》，《台湾研究集刊》2001年第1期，第33页。
② 朱磊：《新经济对台美经济关系的影响》，《台湾研究》2001年第1期，第65页。
③ 朱磊：《新经济对台美经济关系的影响》，《台湾研究》2001年第1期，第67页。

回应。[①] 直到 2001 年 11 月，美国参议院财政委员会主席鲍卡斯才在国会提出"2001 年美国台湾自由贸易协定法案"，要求国会授权布什政府与台湾当局谈判并签署"美台 FTA"。[②] 2002 年 1 月，台湾地区以"台澎金马个别关税领域"名义正式加入世界贸易组织后，立刻将与美国洽谈"FTA"定为"最重要的经贸任务"。2002 年 10 月，美国国际贸易委员会发表了一份评估报告，就美台签订"FTA"的可行性向国会提出建议，但是报告没有被国会采纳。2006 年 11 月，"美国在台协会台北办事处处长"杨苏棣告知台湾当局，让美国国会在 2007 年 6 月前通过"美台自由贸易协定"是"不合理的期待"。[③]

美台双方推动签署"自由贸易协定"的原因，主要有以下两点。其一，对台湾地区而言，与美国签订"FTA"既可有效防止自身经济对祖国大陆的过分依赖，又可避免因政治原因在亚太地区经济一体化的进程中被"边缘化"。自 1979 年两岸恢复经贸往来以后，在台商投资祖国大陆的带动下，两岸贸易与投资发展迅猛，贸易规模和贸易依存度不断上升，逐渐达到"你中有我，我中有你"的地步。尤其是进入 21 世纪以来，祖国大陆已经取代美国，成为台湾地区最大的贸易伙伴、最大的出口市场和最大的贸易顺差来源地。为降低对祖国大陆经济的依赖度，转移台商"西进"热潮，民进党当局开始积极地寻求建立美台"FTA"。与此同时，亚太地区经济一体化方兴未艾，"FTA 热潮"席卷亚太，日本与新加坡签订 FTA 后，发起了与韩国的商谈。美国分别与新加坡和澳大利亚签订了 FTA。澳大利亚分别与新加坡和泰国签订了 FTA。[④] 2003 年，内地与香港、澳门特区政府分别签署了"关于建立更紧密经贸关系的安排"，正式建立了自由贸易关系。但由于陈水扁坚持在国际经济事务和两岸经贸关系方面比照"主权独立国家"，[⑤] 不但使台湾地区无法参与亚太内部的 FTA 商谈，还无法享有

---

① Nancy Bernkopf Tucker, *Taiwan, Hong Kong, and the United States, 1945-1992* (New York: Twayne Publishers, 1994), p.177.

② 信强：《试论美台"自由贸易协定"的动因及可能性》，《台湾研究集刊》2004 年第 3 期，第 33 页。

③ 徐弘炯：《美台双方"贸易协定"的挑战》，（新加坡）《联合早报》2002 年 7 月 4 日。

④ Nicholas R. Lardy and Daniel H. Rosen, *Prospects for a US-Taiwan Free Trade Agreement* (Washington, D.C.: Institute for International Economics, 2004), p.1.

⑤ 信强：《试论美台"自由贸易协定"的动因及可能性》，《台湾研究集刊》2004 年第 3 期，第 32 页。

自由贸易区内的各项优惠政策,严重制约了岛内产业的发展空间和国际竞争力。此外,与美国签订"FTA"的政治利益要远远大于经济利益。与美国签署"FTA"后,台海出现紧张局势时,美国就会更加积极地介入。

其二,对美国而言,签订"美台FTA"的最终目的并不是经济利益,而是对抗中国的强势崛起。"美台FTA"的签订将会极大增强美台之间的经贸关系,弱化台湾地区与祖国大陆的经济联系,通过介入亚太地区经济一体化进程来确保其地缘政治、经济和安全利益。[①] 此外,"美台FTA"将有利于美国的农业、制造业和金融服务业等向台湾市场长驱直入,从而起到牵制中国崛起、增强自身在亚太地区影响力的作用。

小　结

1979—2008年间,美台贸易关系的演变轨迹如下:70年代末期至80年代后期,美台贸易往来不但未受到"断交"的影响,反而呈现出稳步上升态势,双方贸易量和规模均连年扩大。对台湾地区而言,对美出口值在其出口总值中的比重稳步增加,1984年更是达到了48.08%的历史最高值。对美国而言,台湾地区作为其进口来源地和出口市场的重要性也日益凸显。随着美台贸易量的扩大,台湾地区对美贸易顺差额也越来越大,美台贸易失衡问题日益突出,最终演变为80年代后期至90年代中期的激烈贸易摩擦。为了缩减自身贸易逆差,美国多次对台湾地区实施"301"调查,并通过美台之间的贸易谈判,要求台湾当局进一步开放市场。在美国的不断施压下,台湾当局被迫在关税、农产品、金融服务、知识产权等领域作出妥协。90年代中期以后,随着台湾地区对美贸易顺差额的逐步下降,美台之间的贸易冲突逐渐消弭。与此同时,在信息产业的带动下,美台之间的产业关联性日益增强,双方贸易止降回升。2004—2008年间,美台贸易总额和进出口额都出现了恢复性的增长。

纵观这一阶段的美台贸易关系,便不难发现:在美台贸易总额整体上稳步

---

① 信强:《试论美台"自由贸易协定"的动因及可能性》,《台湾研究集刊》2004年第3期,第34页。

扩大的同时，双方贸易关系的密切程度和依赖程度却在不断下降，美台贸易在各自贸易格局中的比重也呈现出下降趋势。从双方贸易依存度来看，台湾地区外贸对美台贸易依存度、台湾地区对美出口贸易依存度、台湾地区自美进口贸易依存度分别从 1979 年的 29.24%、35.09%、22.88% 下降到 2007 年的 12.57%、13.00%、12.09%；美国外贸对美台贸易依存度、美国对台出口贸易依存度、美国自台进口贸易依存度分别从 1979 年的 2.28%、3.06%、1.59% 下降至 2007 年的 1.62%、1.60%、1.63%。[①]

　　导致美台经贸关系弱化的最主要原因，是"二战"后至 80 年代美国国内基本产业竞争力的不断下降。而美国国内基本产业竞争力下降是多种因素共同作用的结果：一是根据国际生产循环模式可知，当基本产业的生产过程和工艺被标准化、专业技术被推广后，生产地点便会从先导性国家转移到发展中国家和地区；二是发展中国家和地区的低劳动力成本、低生产成本等优势，进一步加剧了美国基本产业竞争力的下降；三是美国宏观经济政策的严重不平衡，导致美国的劳动生产率增速放缓；四是相对于发展中国家和地区而言，美国经济对于进口货物较大程度的开放。在上述因素的综合作用下，从 70 年代初期开始，美国的贸易逆差大幅增长。为解决这一问题，美国推出了一系列贸易保护主义政策。如为了缩小对台贸易逆差，美国一方面迫使台湾当局进一步开放市场，增加美国产品的进口规模；另一方面限制台湾地区输美产品的种类和规模。因此，1979—2008 年间，美台贸易整体上处于衰退状态。美台贸易的不断衰退，正是台湾地区主要外贸市场从美国转移到祖国大陆的重要原因之一。

---

① 陈丽霞:《中国大陆、台湾与美国之间贸易相关性研究》，硕士学位论文，厦门大学国际经济与贸易系，2009，第 18 页。

第四章 台湾地区经济发展内外环境的影响

导致台湾地区主要外贸市场从美国转移到祖国大陆的另一个重要原因，就是台湾地区经济发展所面临的内外环境变迁。具体而言，一是台湾地区自身政治、社会以及经济的转型；二是国际经济形势的巨大变化。

第一节 "二战"后至20世纪80年代中期台湾地区 经济发展的有利因素

20世纪50年代早期，台湾地区经济发展所面临的主要问题有：自然资源短缺、高通货膨胀率、高失业率、外汇储备缺乏等。当时，农业在台湾地区经济中发挥着主导性的作用，工业和商业均受到不同程度的限制。如表4-1所示，1952年，台湾地区的人均地区生产总值仅为196美元。经过30多年的发展，1986年时，台湾地区的人均地区生产总值增长到3993美元。1952—1986年间，台湾地区的进出口总额从3亿美元扩大到640亿美元，外汇储备从严重短缺增长到463亿美元，储蓄率从低于10%增加到30%。1971年以后，年通货膨胀率为4.8%，失业率在3%以下。

表 4-1 台湾地区经济的关键指数（1952—1986）

单位：美元

年份	GNP	人均 GNP	出口（百万）	进口（百万）	贸易收支（百万）	外汇储备（百万）
1952	1,674	196	116	187	−71	—
1955	1,928	203	123	201	−78	—
1960	1,717	154	164	297	−133	—
1965	2,811	217	450	556	−106	245
1969	4,915	345	1,049	1,213	−164	361
1970	5,660	389	1,481	1,524	−43	540
1971	6,589	443	2,060	1,844	216	617
1972	7,906	522	2,988	2,514	475	952
1973	10,727	695	4,483	3,792	691	1,026
1974	14,458	920	5,639	6,966	−1,327	1,092
1975	15,429	964	5,309	5,952	−643	1,074
1976	18,492	1,132	8,166	7,599	567	1,516
1977	21,681	1,301	9,361	8,511	850	1,345
1978	26,773	1,577	12,687	11,027	1,660	1,406
1979	33,229	1,920	16,103	14,774	1,329	1,467
1980	41,360	2,344	19,811	19,733	78	2,205
1981	47,955	2,699	22,611	21,200	1,412	7,235
1982	48,550	2,653	22,204	18,888	3,316	8,532
1983	52,503	2,823	25,123	20,287	4,836	11,859
1984	59,780	3,167	30,456	21,959	8,497	15,664
1985	63,097	3,297	30,726	20,102	10,624	22,556
1986	77,299	3,993	39,862	24,181	15,680	46,310

资料来源：Christopher M. Dent, *The Foreign Economic Policies of Singapore, South Korea and Taiwan* (Northampton: Edward Elgar Publishing, Inc., 2002), p.209.

50 年代中期至 80 年代中期，台湾地区经济被视为"亚洲新兴工业化经济体的典范"。其经济发展不仅稳定、持续，而且始终着保持较高的增长率。如

1961—1980 年间，其地区生产总值的年均增长率为 9.7%。尤值得一提的是，台湾地区经济在实现高速增长的同时，其产业结构也发生了显著变化。初级产业在地区生产总值中的比重从 1952 年的 35.6% 下降到 1981 年的 7.3%，第二产业的比重则从 1952 年的 17.8% 上升到 1981 年的 41.1%。[①] 下面，笔者拟对台湾地区经济发展的内外有利因素展开阐述。

一、内部因素

首先，丰富的农业和水利资源、正好位于东亚岛弧中央区域的地理优势，为台湾地区的经济腾飞提供了必要的条件。台湾光复之前，就已经实现了农业的现代化，凭借优越的交通条件，其对外贸易也十分活跃，成为东亚地区对外贸易最为密集的经济体。此外，交通、教育、农民协会等基础设施的构建和完善，也为台湾地区的社会稳定和经济发展奠定了重要的基础。

其次，1949—1986 年间，国民党在台湾地区基本上保持着威权统治形式，保证了台湾地区政治和社会的稳定，当局制定的各项经济发展战略和政策均能得到贯彻和执行，为其经济的高速发展提供了必要的制度条件。这一时期，台湾当局推行的经济政策主要包括：有效控制通货膨胀，实施外向型发展战略，有效运用人力资源和金融资本，强调平衡增长，等等。

第一，有效抑制通货膨胀主要表现在两个方面：一是"二战"后，台湾地区出现了异常严重的通货膨胀。仅 1949 年上半年，其物价就狂飙了 30 倍。为了抑制通货膨胀，台湾当局采取了改革币制、高储蓄率、平衡财政预算等措施。1950 年，物价仅上涨了 3 倍。至 1961 年，物价仅上涨了 2%。[②] 整个 60 年代，其年均通货膨胀率仅为 3%，台湾地区经济发展保持了快速增长的态势。二是 1973 年第一次石油危机爆发，一方面，石油和进口货物价格的上涨造成了工农业生产成本的大幅度提高；另一方面，货币供应量的大幅增加，拉动了社会总需求的增加，成本上涨和需求增多引起了台湾地区物价的飞速上涨。1973

[①]　M. Shahid Alam, *Governments and Markets in Economic Development Strategies: Lessons from Korea, Taiwan, and Japan* (New York: Praeger Publishers, 1989), p.53.

[②]　Shirley W. Y. Kuo, "Key Factors For High Growth With Equity-The Taiwan Experience, 1952-1990", Lawrence R. Klein, Chuan-Tao Yu, ed., *Economic Development of Taiwan and The Pacific Rim in the 1990s and Beyond* (New Jersey: World Scientific Publishing Co. Pte. Ltd., 1994), P.8.

年，台湾地区的物价上涨了22.9%，1974年又上涨了40.6%。在此情况下，台湾当局采取了高利率政策，并调整了石油价格。1974年1月，储蓄利率上调了33.4%，贷款利率上调了25.8%。[①] 各种石油产品的价格平均上涨了88.4%，电的价格上调了78.7%。为了降低产品的成本，台湾当局还采取了减税的措施。仅1974年，台湾当局就减免了约11亿新台币的税额，这一数额占到当年台湾地区税收总额的12.9%。这两项措施，有效控制住了第一次石油危机之后的通货膨胀。从增加的通货膨胀率和降低的经济增长率来看，第二次石油危机的影响较小，但是调整却耗费了更多的时间。这次采取的温和而渐进的措施主要包括，对石油和石油产品的合理定价、由市场决定的外汇汇率以及更加自由化的利率。这些措施又促使台湾当局出台了一系列更加自由化和国际化的长期经济政策。

第二，"二战"后至80年代中期，台湾地区制定了适宜的经济发展战略。早期，台湾地区经济以农业为主，工业技术落后，故台湾当局只能致力于提高农业生产率。在充分利用资源和技术优势的基础上，台湾当局实施了一系列措施，创造出资助台湾地区未来工业和商业发展的农业盈余。这些措施主要包括：土地改革、农民协会的重组、作物品种的改良、大规模灌溉系统的修建、化肥的使用、农业生产和管理技能的提升以及"美援"的有效利用，等等。国民党退据台湾后，鉴于土地问题比先前任何时期都更为严重，便进行了一次广泛的土地改革。1951年，台湾地区出现了庞大的贸易赤字，为了抑制进口、减小贸易逆差，台湾当局的经济发展战略由进口替代调整为出口扩张。其进口替代政策主要包括：采取多种汇率体系，对新台币币值的高估，高关税，对原材料的特殊分配、金融基金等。由于内部市场的有限和对外汇的迫切需求，进口替代政策很快因不能适应市场需要而退出了历史舞台。为了实现地区生产总值年均增长8%的既定目标，台湾当局制定了一项19点经济金融改革方案。这套改革方案的实质是在多个领域实行自由化，如取消贸易控制、废除多重汇率体系、

---

① Shirley W. Y. Kuo, "Key Factors For High Growth With Equity-The Taiwan Experience, 1952-1990", Lawrence R. Klein, Chuan-Tao Yu, ed., *Economic Development of Taiwan and The Pacific Rim in the 1990s and Beyond* (New Jersey: World Scientific Publishing Co. Pte. Ltd., 1994), P.8.

改革税制、提高资本构成等。进入 60 年代后，台湾当局的经济发展战略完全转变为以出口为导向的外向型经济发展战略。台湾当局颁布了"鼓励投资法案"，并于 1966 年建成高雄加工出口区，在该区域内实行进口免税。出口扩张不仅是制造业增长的主要来源，也是促使经济腾飞和吸收劳动力的关键性因素。台湾地区充沛的劳动力在劳动密集型产业中得到了有效利用，并在 1971 年实现了充分就业。

第三，台湾地区经济腾飞还可以归因于对外国资本的有效利用和其内部储蓄的持续增长。以"美援"为代表的外国投资，极大地增强了台湾地区的进口能力和投资能力。"美援"始于 1951 年，终于 1965 年。1960 年以前，除"美援"以外的外商投资非常稀少。因此，平均每年约有 1 亿美元的"美援"，占到台湾地区内部投资的 30%，有时超过了 50%。1951—1965 年间"美援"的分配情况是：公营部门接收 67%，私营部门接收 6%，公私合营部门接收 27%。[①] 其中，公营部门接收的投资绝大部分都用于基础设施的扩建，包括电力、交通和通信。虽然"美援"确实是台湾地区经济发展的一个关键性因素，但其所提供的金融注入却是一个"必要但不充足"的因素。"美援"之所以在台湾地区经济发展中发挥了重要作用，主要是因为台湾当局对这项资源的有效利用。1960 年后，一方面，私人外商投资开始涌入台湾地区，绝大多数的外资都流入了制造业。如 1962—1969 年间，私人外商投资占到制造业整体投资的 5.56%，1981—1987 年间上升到了 6.6%。[②] 外商投资不仅提高了台湾地区制造业的技术和管理水平，还扩大了零部件的进口规模，拓宽了出口产品的海外销售渠道。另一方面，高储蓄率也是台湾地区经济腾飞的一个重要因素。在台湾当局多项储蓄激励政策的带动下，其内部储蓄在地区生产总值中的比重持续上升，从 50 年代的 5% 左右增加到 60 年代的 22%—32%，从而为台湾地区经济在"美援"终止后

---

① Shirley W. Y. Kuo, "Key Factors For High Growth With Equity-The Taiwan Experience, 1952-1990", Lawrence R. Klein, Chuan-Tao Yu, ed., *Economic Development of Taiwan and The Pacific Rim in the 1990s and Beyond* (New Jersey: World Scientific Publishing Co. Pte. Ltd., 1994), P.11.

② Shirley W. Y. Kuo, "Key Factors For High Growth With Equity-The Taiwan Experience, 1952-1990", Lawrence R. Klein, Chuan-Tao Yu, ed., *Economic Development of Taiwan and The Pacific Rim in the 1990s and Beyond* (New Jersey: World Scientific Publishing Co. Pte. Ltd., 1994), P.11.

保持持续增长奠定了重要基础。内外资本的持续提高和有效运用，极大地增强了台湾地区的进口能力和投资能力。

此外，台湾地区经济的快速发展，与其拥有的高质量劳动力也有很大关系。光复后，台湾当局对教育十分重视，财政预算的一大部分都用于教育事业。对教育的重视，为其经济发展提供了具有良好素质的人力资源。除重视教育外，台湾当局还特别重视保持工业和农业之间的平衡，大力发展农田水利灌溉、电气化、教育、交通以及其他城乡建设项目。

二、外部因素

首先，与美国之间的政治、军事联盟，给台湾地区在获得经济援助和进入美国市场方面提供了极大的便利。"二战"后，为了遏制社会主义在亚洲的发展，美国在重建与韩国、日本以及台湾地区之间安全防线的同时，也将东亚国家和地区纳入了国际生产和贸易网络，从而为台湾地区出口导向型工业化战略的确立奠定了重要的基础。1950年朝鲜战争的爆发，彻底改变了美国的对台政策。美国将台湾地区视为在太平洋前线对抗社会主义进一步发展的战略基地，派遣第七舰队进驻台湾海峡，并于1951年重新开始对台湾地区提供经济援助。此后的15年间，美国的援助总额达到了14.65亿美元。"美援"在台湾地区经济发展中的作用主要有三点：一是成功控制了台湾地区20世纪50年代初期的通货膨胀，对保持台湾地区经济和社会的稳定发挥了至关重要的作用；二是为台湾地区实行结构性的土地改革和制度化的外汇改革提供了资金支持，促进了这一时期台湾地区经济的快速发展；三是与美国的军事同盟关系，也使得台湾地区更易获得国际投资。在美国的帮助下，台湾地区获得了大量外商直接投资。"美援"和其他国际资本，有效提升了台湾地区的低私人储蓄率。

冷战时期，经济、政治和军事联盟是美国对台政策的核心要素。"二战"后，美国建立了旨在将东亚国家和地区包括在美国的安全体系之内的贸易—安全联系。其重要内容之一，就是向东亚的新兴工业化国家和地区开放美国市场。在亚洲的军事冲突升级时，凭借着与美国之间的政治、经济、军事联盟，台湾地区得以在普惠制下以优惠的关税待遇向美国市场出口工业产品。冷战对东亚造成的最大和最持久的影响，就是降低了台湾地区工业产品以及韩国消费品进入美国市场的准入壁垒。[①]

另外，朝鲜战争和越南战争对台湾地区经济的促进作用主要表现在两个方面：直接汇款交易、因战争刺激而间接扩大的出口。朝鲜战争促进了台湾地区经济的发展和日本经济的复苏，越南战争则扩大了台湾地区化学用品、纺织品和交通设备等的出口市场。越战期间，台湾地区对越南的出口额从 1964 年的3400 万美元增加到 1968 年的 9000 万美元。[②]

其次，台湾地区的经济奇迹与当时世界经济的繁荣也息息相关。当台湾地区在 60 年代致力于发展出口导向型加工产业时，世界工业贸易也正好处在繁荣期。工业化国家 GDP 的年均增长率从 50 年代的 4.0% 上升到 60 年代的 4.7%，而年均进口增长率则从 8.0% 扩大到 10.2%。[③] 这就为台湾地区加工出口工业的起飞，提供了有利的国际环境。

第二节　台湾地区内部经济环境的巨大变化

"二战"后，台湾地区经济发展受到非经济因素的影响程度逐渐加大，其主要表现在以下几个方面：政治转型和社会转型深刻改变了台湾地区经济恢复期和发展期稳定的政治和社会环境；政局和社会的持续动荡导致岛内民间投资意愿低落，消费持续萎缩，企业纷纷外移海外寻找出路；政治及社会的变革进一步加剧了台湾地区经济发展的困境，在此背景下，祖国大陆逐渐取代美国成为支撑台湾地区经济增长的重要出口市场和新的动力来源。

① Kwang Yeong Shin, "The Political Economy of Economic Growth in East Asia: South Korea and Taiwan", Eun Mee Kim, ed., *The Four Asian Tigers: Economic Development And The Global Political Economy* (San Diego: Academic Press, 1998), p.17.

② Kwang Yeong Shin, "The Political Economy of Economic Growth in East Asia: South Korea and Taiwan", Eun Mee Kim, ed., *The Four Asian Tigers: Economic Development And The Global Political Economy* (San Diego: Academic Press, 1998), p.20.

③ Chao-Cheng Mai, Chien-Sheng Shin, ed., *Taiwan's Economic Success Since 1980* (Northampton: Edward Elgar Publishing, Inc., 2001), P.37.

一、二十世纪八九十年代的产业结构调整和转型

与 20 世纪 60 年代和 70 年代的经济高速增长相比，台湾地区经济在进入 80 年代后开始陷入困境，其整体表现为：经济增长速度明显放慢，波动日益频繁。而导致这一现象的主要原因是，带动台湾地区经济腾飞的劳动密集型出口加工业丧失了原有的优势。这一时期，岛内工人工资的迅速上涨、劳动力的短缺、本已紧张的工业用地价格的大幅升值等，引起了岛内基本生产要素成本的上升，使得原本依赖廉价劳动力的劳动密集型出口加工业的竞争优势和生存空间逐渐丧失。从国际环境看，1969—1971 年的世界经济危机引发了国际贸易保护主义的抬头。台湾地区最大的贸易对象——美国采取了一系列旨在打开台湾市场、增加对台销售、限制台湾地区产品进口、迫使新台币升值的政策。如 1986 年初，新台币兑换美元汇率为：1 美元 =39.33 新台币，1987 年底为 1 美元 =28.55 新台币，1990 年为 1 美元 =25.25 新台币。[①] 新台币的升值极大地削弱了台湾地区出口产品在国际市场上的竞争力。与此同时，一些发展中国家和地区开始实行出口导向型发展战略，充分利用自身廉价的劳动力资源、土地资源，积极发展劳动密集型出口加工业，在国际市场上与台湾地区形成了激烈竞争的局面，台湾地区的出口产品可谓"前有挡墙、后有追兵"，举步维艰！此外，在新技术革命的推动下，全球产业结构重组加速进行，劳动密集型产品在国际市场竞争中的优势大为削弱。

岛内投资环的不断恶化，使得民间投资意愿持续低落。80 年代以来，政局动荡、劳动力成本上升、地价上涨、基础设施落后、环保运动兴起等因素，导致了台湾地区在产业升级急需大量资本投入的时候，民间投资意愿却持续低落。整个 80 年代，台湾地区总体投资年均增长率仅有 5.8%，为"二战"后的最低水平。[②]1990 年，台湾地区总体投资竟然出现了负增长。民间投资意愿的低落，则进一步加重了台湾地区产业升级、经济转型的困难。

经过十多年的产业调整和经济转型，至 90 年代末期，台湾地区的经济结构

---

① 原生：《试论台湾经济发展中的问题及解决的根本途径》，《经济评论》1992 年第 5 期，第 59 页。

② 修春萍：《台湾经济转型及其未来趋势探析》，《台湾研究》1997 年第 1 期，第 34 页。

发生了重大变化。自 80 年代开始，服务业在地区生产总值中的比重不断上升。1986 年，服务业的占比超过了工业。自 1988 年起，服务业在地区生产总值中的比重超过了 50%。[①] 与此同时，农业和工业在地区生产总值中的比重却在不断下降，这一下降趋势在 90 年代更加明显。

表 4-2 1991—1997 年间台湾地区生产总值及部门构成

单位：%

年份	农业	工业	服务业
1991	3.79	41.07	55.17
1992	3.60	39.87	56.53
1993	3.66	38.99	57.35
1994	3.57	37.28	59.15
1995	3.55	36.25	60.20
1996	3.29	35.47	61.24
1997	2.73	34.93	62.34

资料来源：刘仕国等主编：《世界经济统计简编 2000》，社会科学文献出版社，2000，第 390 页。

由表 4-2 可知，90 年代后半期，服务业已成为带动台湾地区经济增长的主导部门，"其对经济增长的贡献所占比重超过了 2/3"，[②] 这就表明台湾地区已步入了所谓的"后工业化社会"。

与此同时，岛内制造业也实现了产业结构转型。以电子信息业为主的技术密集型和资本密集型产业取代劳动密集型产业成为制造业的支柱产业，不仅成为台湾地区工业产品生产和出口的新动力，还逐渐成为台湾地区经济增长的新支柱。1990—1994 年间，劳动密集型产业占制造业的比重从 44.5% 下降到 26.2%，资本密集型产业的比重则从 27.6% 上升到 42.5%，技术密集型产业的比重则从 27.9% 上升到 31.3%。在同期的工业产品出口中，劳动密集型产品的占

---

① 邓利娟：《台湾经济从"奇迹"到"困境"发展过程的重新审视——基于东亚新学说的理论视角》，《台湾研究集刊》2009 年第 2 期，第 46 页。

② 邓利娟：《产业结构对台湾经济重振的挑战》，《两岸关系》2008 年第 8 期，第 9 页。

比从 45% 下降到 33.0%，技术密集型产品的占比从 40.4% 上升到 48.5%，资本密集型产品的占比从 14.6% 上升到 18.5%。在技术和资本密集型产业中，电子信息业在整个 90 年代的增长速度远远高于其他产业，迅速发展成为台湾地区第一大产业和第一大出口产业，电子信息业产值在制造业中的比重从 1987 年的 16.89% 提高到 2000 年的 37.8%。1984 年，电子信息产品的出口额超过 60 亿美元，取代纺织业成为台湾地区的第一大出口产业。[①]2000 年，电子信息产品的出口额达到 512.55 亿美元，占同期台湾地区出口总额的 34.54%。

综上所述，经过 80 年代以来的产业结构调整和转型，台湾地区形成了以服务业为主干、制造业仍占据重要地位的经济体系。这一经济体系在整个 90 年代支撑了台湾地区经济的中速增长。

二、21 世纪初期经济增长的困境

整个 90 年代，服务业成为拉动台湾地区经济增长的新引擎。在服务业的带动下，同期台湾地区经济年平均增长率保持在 6.3% 的水平，而服务业占地区生产总值的比重也从 1986 年的 47.3% 上升到 2000 年的 68.93%。21 世纪以来，服务业占地区生产总值的比重一直保持在 70% 以上。但自 90 年代起，第三产业的快速发展和过度膨胀与岛内狭小的市场和有限的内部需求之间的矛盾日益突出。21 世纪以来，服务业的发展面临如下几大瓶颈：

首先，股市从 2000 年的 9000 多点狂跌至 2001 年的 3000 多点，跌幅居世界第三位；房地产价格持续下降，房地产业陷入低迷状态。2001 年，台湾地区的失业人口达到 45 万，全年失业率为 4.57%，均创下历年新高。泡沫经济的破灭与失业人口的激增，使得民间消费增长率大幅下滑，岛内消费急剧萎缩。其次，90 年代中后期以后，国际高科技产业分工出现了新变化。电子信息产品的低价化，使国际跨国公司纷纷采用供应链管理模式，即将位于产业链中下游的生产制造、销售和售后服务环节向生产成本低、市场潜力大且具有群聚效应的国家和地区转移，以便降低生产、销售的成本。在此形势下，第三产业的服务对象——制造业大量转移到祖国大陆。服务对象的流失，严重制约了服务业的

---

① 韩清海：《九十年代台湾经济发展趋势分析》，《台湾研究集刊》1995 年第 3—4 期，第 4 页。

进一步增长。1987—1997 年间，服务业的年均增长率为 9.0%，1998—2002 年间则下降到 4.7%。作为经济增长主引擎的服务业的停滞不前，直接导致台湾地区经济告别了 90 年代的中速增长，从 21 世纪初开始步入低速增长时期。

制造业内部发展的严重不均衡主要表现在两个方面：第一，制造业发展过于集中在电子信息产业，尤其是半导体、电脑芯片加工与设计等领域。台湾地区电子信息产业的发展速度虽然很快，但其发展路径和传统的劳动密集型加工业如出一辙。台湾地区电子信息产业的生产方式主要以委托加工生产和加工设计为主，关键的生产技术、零部件和主要的销售渠道仍掌握在美日等国家手中。换句话说，台湾地区在国际信息产业分工中一直处在中下游环节，并没有建立起独立和完整的电子信息产业链，这就导致台湾地区电子信息产业的利润空间十分有限，且极易受国际市场需求和价格变动的影响。第二，传统制造业进一步衰退。台湾当局在致力于发展高科技产业的同时，放弃了对传统制造业的政策和资金扶持。而高科技产业的"孤岛"式发展，使得其与其他产业的关联性不足，导致了岛内传统制造业的大量外移和迅速衰退。

三、21 世纪以来，经济发展的结构性困局

21 世纪以来，台湾地区经济结构性问题凸显，经济增长整体上呈现出下降趋势且波动加剧。尤其是 2010 年以来，台湾地区经济呈现出常态性低增长的趋势：2012—2014 年的经济增长率分别是 2.06%，2.23%，3.74%，[①]2015 年更是下降到 0.65%。与此同时，政治因素加剧了台湾地区经济发展的困局。21 世纪以来，祖国大陆已经成为台湾地区最大的贸易伙伴、最大的出口市场和最大贸易顺差来源地，成为台湾地区经济增长的主要动力来源。2016 年 5 月以来，民进党当局为了减少对祖国大陆的依赖，采取了限制两岸经贸关系发展的政策，弱化台湾地区与祖国大陆的经济关系。这一经济政策对台湾地区经济造成了重大冲击。

首先，增加了经济转型升级的困难。自 80 年代中期起，台湾地区就开始实行出口导向型发展战略，产业结构单一与脆弱性等结构性问题日益凸显，再加

---

① 邓利娟：《现阶段两岸经贸关系的困局与前景》，《台湾研究》2017 年第 6 期，第 64 页。

上因政治原因在区域经济整合中逐渐被边缘化，导致其经济转型升级困难重重，相关产业的国际竞争力显著衰退。

其次，大陆经济转型对台湾地区经济发展的影响。2008年金融危机后，"稳增长、调结构、促改革"成为大陆中长期经济转型的方向，其对台湾地区对祖国大陆的出口造成严重冲击：第一，大陆经济由高速增长转向中速增长所造成的市场需求下降，使得台湾地区对祖国大陆的出口贸易额大幅下滑；第二，随着大陆经济增长方式由粗放型转变为内涵型，祖国大陆在台湾地区较具优势的信息、通信等产业领域逐渐建立起自身的产业供应链，两岸部分产业从互补性转变为趋同性、竞争性；第三，21世纪以前的两岸贸易，以台湾地区对祖国大陆的出口贸易为主，而台湾地区出口到祖国大陆的产品主要是台商生产所需的中上游原材料，制成品均出口到欧美市场。随着大陆经济增长模式由出口导向型转变为以服务业和消费为主导的内需型，台湾地区出口到祖国大陆的产品越来越无法满足祖国大陆进口的需要。

最后，民进党当局的两岸经贸政策严重影响了岛内经济的发展。2016年5月后，民进党当局停止实施"自由经济示范区"政策，并裁撤了"自由经济示范区推动小组"；进一步收紧陆资入台空间，使两岸产业合作无法实现有效双向互动；推动所谓"多元化"的对外经济政策，表面上看是为了分散外贸市场，实质上是通过实施"新南向政策"与大力推进加入TPP，来弱化两岸日益紧密的经贸关系。

第三节　台湾地区外部环境的变化

台湾地区经济是典型的外向型经济，在很大程度上受制于国际经济环境的变化。近年来，随着国际贸易领域中的新问题、新情况层出不穷，台湾地区经济面临的外部挑战也日益严峻。

首先，经济全球化导致国际市场的竞争愈加激烈。随着冷战的结束，资本主义市场和社会主义市场这两个"平行市场"也不复存在，世界经济由此进入全球化的大竞争时代。一方面，发达国家对市场准入和第三方市场的争夺日趋激烈；另一方面，发展中国家为了进入世界市场，竞相采取出口导向型发展战略。全球经济大竞争时代的到来，使得台湾地区经济面临的国际竞争日趋激烈。

其次，区域经济一体化和集团化的兴起，导致台湾地区经济面临被边缘化的危机。冷战后，国际间的"对抗"从军事领域转向了经济领域。为了应对国际经济竞争的挑战，各区域内部和各区域之间通过共同市场、关税同盟、自由贸易区等形式联合起来。因此，当今世界经济发展的基本趋势是：以自由贸易区为表现形式的区域经济一体化和集团化。其中，欧洲、北美和亚太地区是当今世界经济中最重要的三极。

欧盟方面，1993 年 1 月，欧洲单一市场正式建立，同年 11 月《马斯特里赫特条约》生效，欧盟正式成立。1994 年 1 月，欧洲单一市场扩展至欧洲自由贸易联盟 (EFTA) 和欧洲经济区（EEA）。欧盟拥有 3.7 亿人口，6.69 万亿美元的域内生产总值和 2.89 万亿美元的贸易总额，是当今世界上最大的自由贸易集团。[①] 近年来，欧盟实现了货币一体化的目标，其区域经济整合进程明显加快。

北美自由贸易区方面，1989 年 1 月，美加自由贸易协定正式生效执行。1994 年 1 月，墨西哥正式与美国、加拿大组成了北美自由贸易区。北美自由贸易区拥有 3 亿消费者，7.25 万亿美元的域内生产总值和 1.43 万亿美元的贸易总额，是当今世界上第二大自由贸易区。[②]1994 年，美国提出建立美洲自由贸易区的设想，即到 2005 年初，在西半球建立一个世界上面积最大、年域内生产总值达到 14 万亿美元、拥有 8 亿人口的自由贸易区。

亚太地区方面，尽管亚太地区经济在 20 世纪的最后 25 年内发展迅速，但经济整合难度较高，融合进程也相对落后。在市场力量、资源禀赋多样性、技术发展、工业化进程等因素的综合驱使下，亚太国家成立了多种正式和非正式的次区域集团。如 1961 年，马来西亚、泰国、菲律宾三国就成立了东南亚联盟；1967 年，新加坡和印尼加入后，该组织改称为东南亚国家联盟。1989 年 11 月，澳大利亚、美国、日本、韩国、新西兰、加拿大及当时的东盟六国在澳

---

　　① 张茂法：《世界经贸格局与台湾经济发展》，《国际贸易问题》1996 年第 7 期，第 57 页。

　　② Chi Schive, *Taiwan's Economic Role in East Asia* (Washington, D.C.: The Center for Strategic and International Studies, 1995), p.5.

大利亚首都堪培拉举行了亚太经合组织首届部长级会议，标志着亚太经合组织的正式成立。步入21世纪后，在互惠、共赢理念的驱使下，双方及多方自由贸易协定接连形成，区域内的贸易与投资日益加强，亚洲经济一体化进程明显加快：2002年1月，日本提出建立"日本—东盟自由贸易区"的构想；2002年1月，新加坡与日本签署了自由贸易区协定；2002年11月，中国与东盟签署了《中国与东盟全面经济合作框架协定》，宣布建立东盟与中国（10+1）自由贸易区；2004年11月，韩国与东盟就建立"韩国—东盟自由贸易区"问题达成一致意见，拟于2006年签署协议。1992年，亚洲开发银行发起成立了"大湄公河次区域经济合作机制"。2004年，南亚区域合作组织签订《南亚自由贸易协定》，拟于2016年底，建成南亚自由贸易区。

虽然上述区域经济集团的层次不一、规模不同，但都不同程度地具有"对内互惠、对外排他"的双重功能。"各贸易集团之间不但相互设置贸易屏障，而且对非贸易集团控制区市场的争夺也日益激烈"。[①] 在经济全球化和区域化的浪潮中，东亚区域经济整合进程加速，东亚各国为了寻求自身的发展，纷纷参与双边或多边的经济合作，而台湾地区却一直被排除在东亚区域经济合作尤其是东亚经济一体化之外，由于对外贸易是台湾地区经济发展的生命线，故其经济发展的边缘化和孤立化危机日益加重。

最后，发展中国家和地区的取代竞争。二十世纪五六十年代，随着第三次科技革命的深入发展，以美国为代表的工业发达国家和地区着重发展高科技和资本密集型产业，将劳动和资源密集型产业向工业欠发达国家和地区转移。台湾地区把握这一有利时机，利用自身充沛、廉价的劳动力，主动承接和发展了工业发达国家和地区转移出的劳动密集型产业和技术含量较低的加工工业，不仅成功进入国际市场，还逐渐成为轻型加工产品的"世界工厂"。80年代以前，台湾地区的劳动密集型出口加工业在世界市场上具有"抢先"优势，并带动了台湾地区经济的腾飞。80年代以后，随着发展中国家和地区积极实行出口导向型经济发展模式，在国际市场上与台湾地区展开了激烈竞争，导致台湾地区的外贸市场日益萎缩。如美国市场和日本市场在台湾地区整体出口市场中的占比

---

① 舒萍:《影响台湾经济走势的内外部因素分析》,《南开经济研究》2003年第6期，第11页。

分别从 2000 年的 23.5% 和 11.2% 下降到 2002 年的 20.5% 和 9.2%。①

第四节　内外环境变迁对台湾地区
主要外贸市场转移产生的影响

20 世纪 80 年代中期以来，随着台湾地区经济发展的内外有利因素逐渐丧失殆尽，不仅台湾地区经济告别了高速增长，台湾地区也进入了政治转型期和社会转型期。政治方面，在从威权政治转向政党政治的过程中，岛内的党外运动、社会运动此起彼伏。受其影响，台湾地区的经济发展受到非经济因素干扰的程度日渐加深。2000 年，台湾地区出现首次"政党轮替"后，岛内各方政治势力"你方唱罢我登场"，政局持续动荡。在此形势下，岛内消费萎缩，投资意愿低落，企业外移成风。80 年代中期以来，其原有的经济支柱——劳动密集型出口加工业逐渐丧失比较优势；90 年代形成的以服务业为主干、以电子信息产业为主的制造业占重要地位的新产业结构在步入 21 世纪以后，也因受到岛内市场狭小、内部需求有限、电子信息产业易受国际市场影响等因素的制约，再难带动岛内经济的高速发展。

国际经济环境方面，冷战结束后，经济全球化的勃兴使得各国对世界市场的抢夺日趋激烈；区域经济一体化和集团化的趋势也使得台湾地区的对外贸易面临被边缘化和孤立化的严重危机；发达国家日益严格的贸易保护主义政策，发展中国家和地区的取代竞争，进一步迫使台湾地区赖以生存的对外贸易走到"前有挡墙，后有追兵"的境地。

90 年代以来，台湾地区经济在内外环境均不利的情况下，尚能维持中等增长速度的根本原因就在于：自 1979 年两岸恢复经贸关系以来，两岸经贸交流与合作从无到有、从小到大，领域不断扩展，层次持续提高。尤其是 90 年代以来，台商掀起了对祖国大陆投资的新热潮，两岸贸易与投资得到了突飞猛进的发展，两岸经济逐步形成了相互依存、不可分割的关系，与祖国大陆的经贸往来逐渐成为台湾地区经济发展的新增长点。换句话说，祖国大陆已取代美国，

---

① 舒萍：《影响台湾经济走势的内外部因素分析》，《南开经济研究》2003 年第 6 期，第 11 页。

成为支撑台湾地区经济增长的极其重要的出口市场以及支持台湾地区经济稳定发展的动力源泉。

表 4-3 1978—2004 年间两岸贸易统计表

年 份	贸易总额（亿美元）	增长率（%）	对台出口额（亿美元）	增长率（%）	自台进口额（亿美元）	增长率（%）
1978	0.46		0.46			
1979	0.77	67.4	0.56	21.7	0.21	
1980	3.11	303.9	0.76	35.7	2.35	1019.1
1981	4.59	47.6	0.75	−1.3	3.84	63.4
1982	2.78	−39.4	0.84	12	1.94	−49.5
1983	2.48	−10.8	0.9	7.1	1.58	−18.6
1984	5.53	123	1.28	42.2	4.25	169
1985	11.01	99.1	1.16	−9.4	9.85	131.8
1986	9.55	−13.3	1.44	24.1	8.11	−17.7
1987	15.16	58.7	2.89	100.7	12.27	51.3
1988	27.21	79.5	4.79	65.7	22.42	82.7
1989	34.84	28	5.87	22.5	28.97	29.2
1990	40.43	16.08	7.65	30.41	32.78	13.18
1991	57.93	43.26	11.26	47.11	46.67	42.36
1992	74.1	23.9	11.2	-0.6	62.9	34.7
1993	143.95	94.26	14.62	30.54	129.33	105.6
1994	163.3	13.44	22.4	53.21	140.8	8.87
1995	178.8	9.49	31	38.39	147.8	4.97
1996	189.8	6.1	28	−9.6	161.8	9.5
1997	198.38	4.5	33.96	21.2	164.42	1.6
1998	204.99	3.3	38.69	13.9	166.29	1.1
1999	234.79	14.5	39.5	2.1	195.29	17.4
2000	305.33	31.1	50.4	27.6	254.9	30.6
2001	323.4	5.9	50	−0.8	273.4	7.2

续表

2002	446.6	38.1	65.9	31.7	380.3	39.3
2003	583.7	30.7	90	36.7	493.7	29.7
2004	783.3	34.2	135.5	50.4	647.8	31.28
2005	912.3	16.5	165.5	22.2	746.8	15.3

资料来源：中共中央台湾事务办公室、国务院台湾事务办公室网站：http://www.gwytb.gov.cn/lajm/lajm/201101/t20110121_1718210.htm。

由表4-3可知，两岸贸易总额虽然从1979年的0.77亿美元扩大到1989年的34.84亿美元，增长了40多倍，但1982年、1983年、1986年均出现了负增长，1987年后才呈稳步增长之势。另据香港海关的统计，两岸经香港的转口贸易总额从1979年的0.77亿美元增加到1991年的57.93亿美元，增长了75.2倍，其中，祖国大陆对台出口额从0.56亿美元上升到11.26亿美元，增长了20.1倍；自台进口额从0.21亿美元激增到46.67亿美元，增长222倍之多。

进入90年代以后，两岸贸易往来才算是真正进入了突飞猛进的发展阶段，两岸经贸交流在互补互利、相互依存的过程中日趋深化。1993年，祖国大陆成为台湾地区第三大贸易伙伴。在台商赴祖国大陆投资热潮的驱动下，除个别年份之外，两岸贸易总额一直保持着两位数以上的增幅。根据台湾有关部门估算，1989—1995年间，两岸贸易总额以每年20%以上的速度增长，贸易总额从39.2亿美元上升到225.2亿美元，增长了5.74倍。其中，台湾地区对祖国大陆出口额从33.3亿美元增加到194.3亿美元，增长了5.83倍；台湾地区自祖国大陆进口额从5.9亿美元增加到30.9亿美元，增长了5.24倍。[①] 截至1995年，两岸间接贸易总额已达178.8亿美元，台湾地区对祖国大陆出口额占台湾地区整体出口额的比重超过16%，而台湾地区对香港地区出口额占台湾地区整体出口额的比重达到了23.38%，而台湾地区对美出口额占台湾地区整体出口额的比重仅为23.65%。此外，1995年，祖国大陆已成为台湾地区最大的贸易顺差来源地。由此可以看出，两岸转口贸易的迅速扩大和台湾地区出口市场向祖国大陆和香

[①]　刘婉婕：《由互赖理论探讨台海两岸经贸之发展（1989—2005）》，硕士学位论文，中兴大学国际政治研究所，2006，第48页。

港地区的转移，无疑成为维持 90 年代以来台湾地区经济中速增长的一个主要因素。

2000 年，台湾地区对祖国大陆的出口额达到 254.9 亿美元，占台湾地区整体出口额的比重达到 17.6%。相比之下，台湾地区对美出口额占台湾地区整体出口额的比重却在逐年下降，至 2000 年，台湾地区对美出口额占台湾地区整体出口额的比重下降至 23.5%。随着两岸经贸关系的日益紧密，自 2000 年 11 月起，祖国大陆正式取代美国成为台湾地区最大的出口地。2001 年，两岸先后加入世界贸易组织后，经贸体制的松绑、关税以及非关税壁垒的消除等，使大陆日益成为"世界加工厂"。在此形势下，台湾地区电子资讯业者纷纷赴祖国大陆投资设厂，但其生产所需的关键上游设备材料依然需要由台湾地区进口，从而促成了台湾地区对祖国大陆出口的大幅增长。2002 年以后，受全球电子信息行业陷入低迷的影响，台湾地区出口到欧、美、日等市场的电子产品大幅萎缩，对美国、日本、欧盟的出口额分别下降了 3.2%、6.0%、7.9%。与此同时，台湾地区对祖国大陆的出口则呈稳步上升的趋势。根据台湾有关部门统计，2002 年，两岸贸易总额比上年增长了 36.9%，台湾地区对祖国大陆出口额和自祖国大陆进口额分别比上年增长了 37.4% 和 34.7%。同年，台湾地区整体对外贸易顺差为 180.5 亿美元，而对祖国大陆贸易顺差高达 251.1 亿美元，两岸贸易对于台湾地区经济增长的重要性不言而喻。从支持经济增长的各种因素来看，90 年代以来台湾地区经济维持中速增长主要依赖的是对祖国大陆出口的大幅增长。2001—2004 年间，两岸贸易总额分别为 323.4 亿美元、446.6 亿美元、583.7 亿美元、783.3 亿美元。至 2005 年底，台湾地区对祖国大陆的累计贸易顺差已达到 3323 亿美元，祖国大陆已成为台湾地区最大的贸易伙伴、最大的出口市场和最主要的贸易顺差来源地。

步入 21 世纪以来，随着两岸贸易依存度的不断提高，两岸贸易规模迅速扩大，两岸贸易在各自外贸中所占的比重逐步提升，两岸贸易关系日趋紧密。2014 年，两岸贸易总额为 1983.1 亿美元，祖国大陆对台湾地区贸易逆差达到 1057.7 亿美元，祖国大陆仍是台湾地区最大的贸易伙伴和最主要的贸易顺差来源地，台湾地区则成为祖国大陆第七大贸易伙伴和第六大进口来源地。

表 4-4 2000—2015 年间两岸贸易依存度

单位: %

年份	大陆对两岸贸易依存度	大陆自台湾进口贸易依存度	大陆对台湾出口贸易依存度	台湾对两岸贸易依存度	台湾自大陆出口贸易依存度
2000	6.44	11.32	2.02	13.82	17.21
2001	6.35	11.23	2.17	10.24	19.05
2002	7.20	12.90	2.00	15.05	21.78
2003	6.86	11.96	2.05	16.62	23.48
2004	6.78	11.54	2.28	18.72	26.83
2005	6.42	11.31	2.71	20.04	28.36
2006	6.12	11.00	2.14	27.61	42.61
2007	5.73	10.57	1.93	26.71	40.95
2008	5.14	9.12	1.81	26.05	40.43
2009	4.81	8.52	1.71	28.08	42.08
2010	4.89	8.29	1.88	27.63	42.12
2011	4.39	7.17	1.85	27.13	40.51
2012	4.37	7.27	1.80	29.55	43.90
2013	4.74	8.03	1.84	35.43	54.53
2014	4.61	7.76	1.97	33.15	26.10
2015	4.90	7.59	2.70	30.40	38.97

数据来源: 中华人民共和国国家统计局网站、中华人民共和国商务部台港澳司官方网站中的历年两岸贸易统计表。

由表 4-4 可知, 随着两岸经济规模的不断扩大, 祖国大陆对两岸贸易依存度从 2000 年的 6.44% 下降至 2015 年的 4.9%, 祖国大陆自台湾地区进口贸易依存度大幅递减, 而对台湾地区出口贸易依存度一直维持在 2% 左右。与此同时, 台湾地区对两岸贸易依存度则由 2000 年的 13.83% 攀升至 2015 年的 30.4%, 祖国大陆已成为台湾地区最大的贸易伙伴和最主要的贸易顺差来源地。

小 结

20世纪80年代中期，曾经作为"亚洲四小龙"之首的台湾地区告别了长达20年的经济高速增长时期，进入中低增长时期。究其原因，主要在于岛内环境和国际经济环境的剧变，使得台湾地区经济高速发展的内外有利因素几乎丧失殆尽。

从岛内环境来看，首先是政治环境与社会环境的变化。国民党退据台湾后建立的党国威权政体，在党外运动、社会运动等的冲击下逐渐转型为政党政治，扩大了岛内民众参政议政的空间。但在政治转型的过程中，各种积弊已久的社会矛盾和问题、各方政治势力之间的斗争也都爆发出来，深刻改变了台湾地区经济恢复和发展时期稳定的政治环境和社会环境。政治环境及社会环境的变化进一步加剧了台湾地区经济发展的困境，使得台湾地区经济发展受到非经济因素的影响程度日益严重，岛内消费不断萎缩、民间投资意愿低落、企业外移成风。

其次是经济环境的变迁。20世纪80年代中期以后，由于岛内劳动力短缺、土地价格飙升、工人工资上涨，导致带动台湾地区经济腾飞的支柱产业——劳动密集型出口加工业的成本迅速上升，生存空间日益减小，比较优势逐渐丧失。步入21世纪后，失业人口的激增、泡沫经济的破灭使得岛内民众收入增长缓慢，民间消费意愿普遍降低，从而导致岛内的内部需求急剧萎缩，服务业几乎停滞不前。服务业对经济增长贡献的减小，直接导致台湾地区经济结束了90年代的中速增长，步入低速增长的时期。

从国际环境变迁来看，对外贸易是台湾地区经济发展的生命线，但因受政治目标取向的影响，台湾地区一直无法参与东亚经济整合，其经济发展的边缘化和孤立化危机日益严重。在国际市场上，台湾地区一方面不断遭受欧美发达国家的贸易制裁，另一方面受到发展中国家和地区的取代竞争，从而造成其对外贸易走到"前有挡墙，后有追兵"的境地。

岛内政治环境、社会环境、经济环境和国际经济环境的变迁，对于台湾地区主要外贸市场从美国转移到祖国大陆的影响主要表现为：在有利于台湾地区经济发展的内外条件丧失殆尽的情况下，由于两岸经贸交流合作的迅速发展，两岸形成了互惠互利、日益紧密的外贸格局，祖国大陆已成为台湾地区最大的贸易伙伴、最大的出口市场和最主要的贸易顺差来源地，由此可见，两岸经贸关系发展已经成为带动台湾地区经济发展的重要动力。

结　论

本书第一章至第四章分别从祖国大陆对台政策、美台贸易的演变、台湾地区内部环境的变迁、国际经济环境的变化四个方面，分析了台湾地区主要外贸市场从美国转移到祖国大陆的原因和历程。

第一，从祖国大陆方面来看，祖国大陆对台大政方针和经贸政策是台湾地区主要外贸市场从美国转移到祖国大陆的最重要原因。具体而言，改革开放以来，祖国大陆对台大政方针是两岸从隔绝走向互动的主导因素，也是两岸经贸往来发生发展的重要政治前提；祖国大陆对台经贸政策开启并主导着两岸转口贸易和间接投资的发展，是两岸经贸往来的决定性因素。在祖国大陆一系列惠台政策的推动下，从20世纪70年代末期开始，两岸转口贸易开始起步，至80年代后期已经初具规模。为适应两岸贸易的发展，台湾当局有条件地放松了台商赴祖国大陆投资，台商将其海外生产基地逐渐扩展到祖国大陆，从而导致了对美直接出口的减少和对祖国大陆半成品和机械设备出口的增加。经过近40年的发展，台商对祖国大陆的投资数额和规模逐年增长，投资区域也从东部沿海地区扩展延伸到中西部地区，投资领域也日趋多元化，贸易商品结构也日趋优化。随着两岸贸易依存度的不断提高，两岸贸易已呈"你中有我，我中有你"的局面，并进一步朝着"经济共同体"的方向发展。祖国大陆也取代美国成为台湾地区最大贸易伙伴、最大出口市场和最大贸易顺差来源地。

第二，从美国方面来看，20世纪50年代前，美台之间并无特殊的贸易关系。1951—1965年间的美国对台经济援助，既在美台之间建立了紧密的经贸关系，也使得台湾地区的经济被纳入美国经济体系之中。在对台投资的带动下，美国从台湾地区第一大进口来源地，转变为台湾地区第一大出口市场和最重要的贸易伙伴。台湾地区对外贸易对美国市场的依赖程度不断加深，美国市场在其整体出口中所占的份额在最高峰时占到50%。在50年间，美台贸易呈现出三大特征，一是投资数额和规模均呈逐年扩大趋势，二是从早期的美国对台单向投资发展到美台之间的双向投资，三是从"美援"时代"官方"之间的间接投资转向私人企业之间的直接投资。随着美台经贸关系的逐步扩展和深化，二者相互依赖的程度也日益加深。

"二战"后至80年代，由于美国国内基本产业竞争力的不断下降，台湾地区将主要外贸市场从美国转移到祖国大陆。根据国际生产循环模式可知，一个在新产品和新工艺的发展方面具有比较优势的经济体，将会成为新兴产业最初的生产国。但当生产过程和工艺被标准化、专业技术被推广后，生产地点便会从先导性国家转移到其他国家。以美台贸易的主要商品——纺织、服装、钢铁为例，当这些基本产业的生产工艺流程被标准化后，美国的基本产业竞争力便随之下降。而台湾地区却凭借劳动力成本较低的比较优势、技术后发优势以及美国的扶持政策等，其对美贸易顺差迅速扩大。这就导致美台贸易冲突逐渐显现，贸易摩擦愈演愈烈。从20世纪70年代早期开始，美国劳动生产率相对缓慢的增长、美国市场对于进口较大程度的开放、美国宏观经济政策的严重不平衡等，都使得进口占其国民生产总值的份额迅速攀升。进入80年代后，美国对外贸易逆差进一步扩大，并演变成严重的贸易不平衡问题。为了减少贸易逆差，美国加大了对包括台湾地区在内的贸易伙伴实施了日益严格的进口限制措施，同时强迫其他国家和地区全面开放市场。

总括而言，美台贸易关系的演变轨迹可概括为：20世纪70年代末期至80年代后期，美台"断交"后，双方贸易往来不但未受到太大冲击，反而呈现出逆势上扬的态势：双方贸易总量和规模均逐年扩大；对美出口在台湾地区整体出口中的比重持续上升，在80年代前期更是达到了最高值；对美国而言，台湾地区作为其进口来源地和出口市场的重要性也日益突出。在美台贸易空前繁荣的同时，由于台湾地区对美贸易顺差的激增，美台贸易失衡问题开始凸显，并最终演变为80年代后期至90年代中期的剧烈贸易摩擦。在此情况下，美国不但一改过去对台湾地区的扶持政策，还对其采取了一系列打压措施。由于在经济、军事及政治方面对美国的严重依附和依赖，台湾当局只能被迫采取"少让为赢"的原则，即做必要的、最小的让步使美国满意。20世纪90年代中期，在台湾地区对美贸易顺差连年下降的情况下，美台之间的贸易冲突逐渐消弭。此后，受国际经济环境和贸易形势的影响，美台贸易往来进入起伏波动的阶段。进入21世纪后，在信息产业的带动下，美台进出口贸易总额出现了恢复性的增长，但综观这一时期的美台贸易便不难发现，在美台贸易总额稳步扩大的同时，双方贸易关系的密切程度和依赖程度却在不断下降。这就意味着，台湾地区的外贸市场已经改变了片面倚靠美国市场的传统局面。

第三，从台湾地区经济发展的内外环境来看，自20世纪80年代中期以来，台湾地区经济发展的内外有利因素几乎丧失殆尽，终结了战后20年来的经济高速增长势头，转而进入全方位的转型期。在从威权政治转向政党政治的过程中，台湾地区的经济发展受到非经济因素干扰的程度日渐加深。台湾地区在2000年首次实现政党轮替之后，岛内各方政治力量"你方唱罢我登台"，政局持续动荡。在此形势下，台湾地区内部消费萎缩，投资意愿低落，企业外移成风。20世纪80年代中期以后，劳动密集型出口加工业逐渐丧失比较优势，而以服务业为主干、以电子信息产业为主的制造业占重要地位的新产业结构在步入21世纪以后，也因受到岛内市场狭小、内部需求有限、电子信息产业易受国际市场影响等因素的制约，再难带动岛内经济的快速增长。

第四，从国际经济环境方面来看，冷战结束后，经济全球化的勃兴使得各国对世界市场的抢夺日趋激烈，而区域经济一体化和集团化的趋势也使得台湾地区的对外贸易面临被边缘化和孤立化的危机。在国际市场方面，发达国家日益严格的贸易保护主义政策，发展中国家和地区的取代竞争，进一步迫使台湾地区赖以生存的对外贸易走到"前有挡墙，后有追兵"的境地。

在经济发展的内外环境均面临困境之时，90年代以来的台湾地区经济尚能维持中等增长速度，其根本原因就在于：1979年两岸恢复经贸往来后，两岸经贸交流从无到有，逐步扩大。尤其是自80年代末期以来，在台商投资祖国大陆热潮的带动下，两岸间投资与贸易的数额和规模均迅速扩大。在这一过程中，两岸经济日渐形成相互依存、不可分割的关系。对于台湾地区而言，与祖国大陆的经贸往来不仅成为台湾地区经济新的增长点，而且成为推动台湾地区经济与社会发展的动力源泉。

　　台湾地区属"浅碟型"的海岛经济，内部市场狭小，故对外贸易就成为其经济发展的"生命线"。"二战"后的半个世纪以来，随着台湾地区的主要外贸市场从美国转移到祖国大陆，其主要外贸关系也发生了根本性的改变：以往美台贸易已被互利互补、高度依存的两岸贸易所取代。从这一演变历程来看，两岸之间日渐紧密、唇齿相依的经贸格局，必将为两岸走向统一奠定坚实的经济基础。

参考文献

一、外文文献

（一）Works

Robert E.Baldwin, et al, *political Economy of U.S.-Taiwan Trade* (Ann Arbor: The University of Michigan Press, 1995).

Robert J.Barr, *America Trade with Asia and the Far East* (Wisconsin: The Marquette University Press, Milwaukee, 1959).

Julian Chang, et al., *Economic Reform and Cross-Strait Relations: Taiwan and China in the WTO* (Singapore: World Scientific Publishing Co. Pte. Ltd. 2007).

E.K.Y.Chen, et al, *Taiwan Economy, Society And History* (Centre of Asia Studies, Univ. of Hong Kong, 1991).

Schive Chi, *Taiwan's Economic Role in East Asia* (Washington, D.C.: The Center for Strategic and International Studies, 1995).

Lee-in Chen Chiu, *Economic and Political Interaction across the Taiwan Strait Facing the Trend of Economic Integration in East Asia* (Seoul: Korea Institute For International Economic Policy, 2004).

Hui-Wan Cho, *Taiwan's Application to GATT/WTO: Significance of Multilateralism for an Unrecognized State* (Westport: Praeger Publishers, 2002).

Peter Chow, *Economic Integration, Democratization and National Security in East Asia: Shifting Paradigms in the US, China and Taiwan Relation* (Cheltenham, UK: Edward Elgar, 2007).

Peter C. Y.Chow, *The "One China" Dilemma* (New York: PALGRAVE MAC-MILLAN, 2008).

Peter C. Y.Chow, *Taiwan in the Global Economy: From an Agrarian Economy to an Exporter of High-Tech Products* (Westport: Praeger Publishers, 2002).

Ralph N.Clough, *Reaching Across the Taiwan Strait: People-to-People Diplomacy* (Boulder: Westview Press, Inc. 1993).

Dent, Christopher M., *The Foreign Economic Policies of Singapore, South Korea and Taiwan* (Cheltenham: Edward Elgar Publishing Limited, 2002).

Steven M.Goldstein, *Taiwan Faces the Twenty-first Century: Continuing the "Miracle"* (New York: Foreign Policy Association, 1997).

Trenholme J. Griffin, *Taiwan: Opening up to the world* (London: Euromonitor Publications Limited, 1987).

Hartland-Thunberg, Penelope, *China, Hong Kong, Taiwan and the World Trading System* (Hampshire: MACMILLAN PROFESSIONAL AND ACADEMIC LTD, 1990).

Gary Clyde Hufbauer, et al, *Trade Protection in the United States: 31 Case Studies* (Washington, DC: Institute for International Economics, 1986).

Neil H.Jacoby, *U.S. Aid to Taiwan* (New York: Frederick A. Praeger, Publishers, 1966).

D. Gale Johnson, and Chi-ming Hou, *Agricultural Policy and U.S.-Taiwan Trade* (Washington, D.C.: the American Enterprise Institute for Public Policy Research, 1993).

Martin L.Lasater, *U.S. Interests in the New Taiwan* (Colorado: Westview Press, 1993).

Kuo-Ting Li, *The Evolution of Policy Behind Taiwan's Development Success* (Singapore: World Scientific Publishing Co. Pte. Ltd., 1995).

Kuo-Ting Li, *Economic Transformation of Taiwan* (London: Shepheard-Walwyn Publishers, 1988).

Nicholas R.Lardy, and Daniel H.Rosen, *Prospects for a US-Taiwan Free Trade Agreement* (Washington, D.C.: Institute for International Economics, 2004).

Keith Maguire, *The Rise of Modern Taiwan* (Aldershot: Ashgate Publishing Limited, 1998).

Chao-Cheng Mai, and Chien-Sheng Shih, ed., *Taiwan's Economic Success Since 1980* (Cheltenham: Edward Elgar Publishing Limited, 2001).

Ramon H.Myers, and Jialin Zhang, *The Struggle across the Taiwan Strait: The Divided China Problem* (Stanford: Hoover Institution Press, 2006).

Jordan C.Schreiber, *U.S. Corporate Investment in Taiwan* (New York: The Dunellen Company, Inc., 1970).

Lijun Sheng, *Mainland and Taiwan: Cross-Strait Relations Under Chen Shui-bian* (Singapore: Institute of Southeast Asian Studies, 2002).

John Q.Tian, *Government, Business, and the Politics of Interdependence and Conflict across the Taiwan Strait* (New York: PALGRAVE MACMILLAN, 2006).

Nancy Bernkopf Tucker, *Taiwan, Hong Kong, and the United States, 1945-1992* (New York: Twayne Publishers, 1994).

U.S. Department of Commerce, *Statistical Abstracts of the United States*, 1979-2008 (Washington, D.C.: U.S. Dept. of Commerce, Bureau of the Census).

Jimmy W.Wheeler, et al, *Beyond Recrimination: Perspectives on U.S.-Taiwan Trade Tensions* (Indianapolis: Hudson Institute, Inc., 1987).

（二）Papers

Robert F.Ash, and Y. Y.Kueh, "Economic Integration within Greater China: Trade and Investment Flows Between Mainland, Hong Kong and Taiwan", in David Shambaugh, ed., *Greater China: The Next Superpower?* (New York: Oxford University Press Inc., 1995).

Raymond J.M. Chang, and Pei-chen Chang, "Taiwan's Emerging Economic Relations with the PRC", in Denis Fred Simon, and Michael Y. M.Kau, ed., *Taiwan Beyond the Economic Miracle* (New York: M. E. Sharpe, Inc, 1992).

Pochin Chen, and Ching-His Chang, "Economic Co-operation and Competition between Taiwan and the Mainlend", in C. L. Chiou, and Leong H. Liew, ed., *Uncertain Future: Taiwan-Hong Kong-China relations after Hong Kong's return to Chinese sovereignty* (Aldershot: Ashgate Publishing Ltd, 2000).

Yunpeng Chu, "Taiwan's Trade Surplus, U.S. Responses, and Adjustment Policies", in King-yuh Chang, ed., *Taiwan-US Relations Under the Taiwan Relations Act: Practice and Prospects* (Taipei: Institute of International Relations, 1988).

David J.Collis, "The Machine Tool Industry and Industrial Policy, 1955-82", in A. Michael Spence, and Heather A. Hazard, eds., *International Competitiveness* (Cambridge: Ballinger Publishing Company, 1988).

Elias Dinopoulos, and Mordechai E. Kreinin, "The U.S. VER on Machine Tools: Causes and Effects", in Robert E. Baldwin, *Empirical Studies of Commercial Policy* (Chicago: University of Chicago Press, 1991).

June Teufel Dreyer , "Taiwan in 1989: Democratization and Economic Growth", *Asian Survey* 30 (1990).

Barry Eichengreen, "International Competition in the Products of U.S. Basic Industries", in Martin Feldstein, ed., *The United States in the World Economy* (Chicago: The University of Chicago Press, 1988).

Christopher Howe, "The Taiwan Economy: The Transition to Maturity and the Political Economy of its Changing International Status", in David Shambaugh, ed., *Contemporary Taiwan* (Oxford: Clarendon Press, 1998).

Charng Kao, "Economic Interdependence Between Taiwan and Mainland, 1979-92", in Thomas P.Lyons, and Victor Nee, ed., *The Economic Transformation of South China: Reform and Development in the Post-Mao Era* (New York: Cornell East Asia Program, 1994).

James A.Kelly, "Overview of U.S. Policy Toward Taiwan", *The DISAM Journal* (2004).

Shirley W. Y.Kuo, "Key Factors for High Growth with Equity-the Taiwan

Experience, 1952-1990", in Lawrence R.Klein, and Chuan-Tao Yu, ed., *Economic Development of Taiwan and The Pacific Rim in The 1990s and Beyond* (Singapore: World Scientific Publishing Co. Pte. Ltd., 1994).

Chien-pin Li, "Trade Negotiation between the United States and Taiwan: Interest Structures in Two-Level Games", *Asian Survey* 34 (1994).

Kuo-yuan Liang, "Foreign Trade and Economic Growth in Taiwan", in Joel D.Aberbach, et al, *The Role of The State in Taiwan's Development* (New York: M. E. Sharpe, Inc., 1994).

Leong H.Liew, "A Political Economy Analysis of Taiwan-Mainland Economic Relations", in C. L.Chiou, and Leong H. Liew, ed., *Uncertain Future: Taiwan-Hong Kong-China relations after Hong Kong's return to Chinese sovereignty* (Aldershot: Ashgate Publishing Ltd, 2000).

Tzong-Biau Lin, "Economic Nexus Between The Two Sides of The Taiwan Straits-With Special Emphasis on Hong Kong's Role", in Lawrence R.Klein, and Chuan-Tao Yu, ed., *Economic Development of Taiwan and The Pacific Rim in The 1990s and Beyond* (Singapore: World Scientific Publishing Co. Pte. Ltd., 1994).

Da-Nien Liu, and Wen-Jung Lien, "The Trade Relationship Between Taiwan and The U.S.", in Jaw-Ling Joanne Chang, and William W. Boyer, ed., *United States-Taiwan Relations: Twenty Years After The Taiwan Relations Act* (Baltimore: Maryland Series in Contemporary Asian Studies, Inc., 2000).

Michael O.Moore, "The Rise and Fall of Big Steel's Influence on U.S. Trade Policy", in Anne O.Krueger, ed., *The Political Economy of Trade Protection* (Chicago: The University of Chicago Press, 1996).

Ichiro Numazaki, "The Export-Oriented Industrialization of Pacific Rim Nations and Their Presence in the Global Market", in Eun Mee Kim, ed., *The Four Asian Tigers: Economic Development and The Global Political Economy* (San Diego: Academic Press, 1998).

Prybyla, Jan S., "US-Taiwan Economic Relations Since the Taiwan Relations

Act: An American View", in Chang, King-yuh ed., *Taiwan-US Relations Under the Taiwan Relations Act: Practice and Prospects* (Taipei: Institute of International Relations, 1988).

Gustav Ranis, "Taiwan's success and vulnerability: Lessons for the 21st century", in Robert Ash, and J. Megan Greene, ed., *Taiwan in the 21st Century: Aspects and limitations of a development model* (New York: Routledge, Taylor & Francis Group, 2007).

James Riedel, "International Trade in Taiwan's Transition from Developing to Mature Economy", in Gustav Ranis, ed., *Taiwan: From Developing to Mature Economy* (Boulder: Westview Press, 1992).

Gee San, "Technology, Investment and Trade under Economic Globalisation: The Case of Taiwan", in Organisation for Economic Co-operation and Development ed., *Trade, Investment and Technology in the 1990s* (Paris: Organisation For Economic Co-operation and Development, 1991).

Chi Schive, "Taiwan's Emerging Position in the International Division of Labor", in Denis Fred Simon, and Michael Y. M.Kau, ed., *Taiwan Beyond the Economic Miracle* (New York: M. E. Sharpe, Inc, 1992).

Chi Schive, "How Was Taiwan's Economy Opened Up? The Foreign Factor in Appraisal", in Gustav Ranis, etal., ed., *The Political Economy of Taiwan's Development into the 21st Century* (Cheltenham: Edward Elgar Publishing Limited, 1999).

Edward S.Steinfeld, "Cross-Straits Integration and Industrial Catch-up: How Vulnerable Is the Taiwan Miracle to an Ascendant Mainland?" in Suzanne Berger, and Richard K.Lester, ed., *Global Taiwan: Building Competitive Strengths in A New International Economy* (New York: M.E. Sharpe, Inc., 2005).

N. T.Wang, "Taiwan's Economic Relations with Mainland", in N. T.Wang, ed., *Taiwan's Enterprises in Global Perspective* (New York: M. E. Sharpe, Inc., 1992).

J.W.Wheeler, "Taiwan and the Mainland: Can Economic Interaction Mute the Conflict?" in J.W.Wheeler, ed., *Chinese Divide: Evolving Relations Between Taiwan and Mainland* (Indianapolis: Hudson Institute, 1996).

Paul Wolfowitz, "A Chance to Build on Taiwan's Progress", *Far Eastern Economic Review* 7 (2008).

Rong-I Wu, "A Review of US-Taiwan Economic and Trade Relations Since the 'Shanghai Communiqué'", in Yu-ming Shaw, ed., *Taiwan-U.S. Relations: A Decade After The "Shanghai Communiqué"* (Taipei: The Asian and World Institute, 1983).

Werner Roy A., "Taiwan's Trade Flows: The Underpinning of Political Legitimacy?", *Asian Survey* 25(1985).

Milton D.Yeh, "Ask a Tiger for Its Hide? Taiwan's Approaches to Economic Transactions across the Strait", in Jane Khanna, ed., *Southern China, Hong Kong, and Taiwan Evolution of a Subregional Economy* (Washington, D. C.: The Center for Strategic and International Studies, 1995).

二、中文文献

（一）第一手资料

中华人民共和国国家统计局编：《中国统计年鉴》，中国统计出版社。

中华人民共和国海关总署编：《中华人民共和国海关统计年鉴》，中华人民共和国海关总署《海关统计》编辑部。

中国对外经济贸易年鉴编辑委员会主编：《中国对外经济贸易年鉴》，中国对外经济贸易出版社。

国家统计局贸易外经统计司编：《中国贸易外经统计年鉴》，中国统计出版社。

（台湾）经济日报社编印：《台湾经济年鉴》，1978—1982、1987—1990。

台湾"行政院主计总处"编印：《台湾统计年鉴》，1978—1983、1988—1989。

陈秀英、刘仕国主编：《世界经济统计简编2000》，社会科学文献出版社，2000。

（二）著作类

中国社会科学院台湾研究所编：《转型期的台湾经济与社会》，时事出版社，1991。

高希均、李诚、林祖嘉：《台湾突破——两岸经贸追踪》，（台北）天下文化出版股份有限公司，1992。

宫力：《中美关系热点透视》，黑龙江教育出版社，1996。

宫力：《峰谷间的震荡：1979 年以来的中美关系》，中国青年出版社，1996。

郝雨凡：《美国对华政策内幕》，台海出版社，1998。

贺涛等著：《台湾经济发展轨迹》，中国经济出版社，2009。

金雪军等编著：《对台经济贸易导论》，纺织工业出版社，1993。

李非：《海峡两岸经济一体论》，（台北）博扬文化事业有限公司，2003。

廖光生编著：《两岸经贸互动的隐忧与生机》，（台北）允晨文化实业股份有限公司，1995。

李国鼎：《台湾经济快速成长的经验》，（台北）正中书局，1978。

林钟雄：《台湾经济经验一百年》，（台北）三通图书股份有限公司，1995。

苏格：《美国对华政策与台湾问题》，世界知识出版社，1998。

唐正瑞：《中美棋局中的"台湾问题"》，上海人民出版社，2000。

童振源：《全球化下的两岸经济关系》，（台北）生智文化事业有限公司，2003。

肖元恺：《百年之结：美国与中国台湾地区关系的历史透视》，人民出版社，2000。

叶学晢：《国际资金流入》，（台北）联经出版事业公司，1981。

于宗先、孙震：《台湾对外贸易论文集》，（台北）联经出版事业股份有限公司，1975。

朱成虎：《中美关系的发展变化及其趋势》，江苏人民出版社，1998。

周伓、齐欣、魏大业：《台湾经济》，中国财政经济出版社，1980。

郑竹园：《台湾海峡两岸的经济发展》，（台北）联经出版事业股份有限公司，1983。

资中筠、何迪：《美台关系四十年（1949—1989）》，人民出版社，1991。

（三）论文类

陈家德：《台湾经济的发展及海峡两岸经济合作之走势》，《中外管理导报》1993 年第 1 期。

陈文鸿、李煜伟：《台湾经济的危机研究》，《江海学刊》2006 年 2 月。

曹小衡：《影响台湾经济发展主要因素与两岸经济关系前瞻》，《中国经贸》2005 年 5 月。

曹小衡：《海峡两岸经贸政策、经贸关系现状与前景研究》，《台湾研究》2008 年第 3 期。

董玉洪：《2013 年两岸关系发展情况综述》，《现代台湾研究》2014 年第 1 期。

董玉洪：《2014 年两岸关系发展情况综述》，《现代台湾研究》2015 年第 1 期。

董玉洪：《2015 年两岸关系发展情况综述》，《现代台湾研究》2016 年第 1 期。

邓利娟：《当前台湾经济发展困境分析》，《台湾研究集刊》1997 年第 1 期。

邓利娟：《试析台湾经济走向及对两岸关系的影响》，《台湾研究》2002 年第 2 期。

邓利娟：《台湾经济增长速度的新转变》，《厦门大学学报（哲学社会科学版）》2002 年第 5 期。

邓利娟：《大陆成为台湾经济发展的重要动力》，《两岸关系》2004 年 2 月。

邓利娟：《台湾经济的三大新趋向》，《两岸关系》2006 年 3 月。

邓利娟：《产业结构对台湾经济重振的挑战》，《两岸关系》2008 年 8 月。

邓利娟：《大陆对台经贸政策为何坚持"让利"态度》，《两岸关系》2010 年第 5 期。

邓利娟：《现阶段两岸经贸关系的困局与前景》，《台湾研究》2017 年第 6 期。

郭慧：《两岸经贸对经济共同繁荣的影响》，《中国统计》2006 年 9 月。

贺平：《美台关系中的经济因素：1979—2001》，硕士学位论文，上海外国语大学国际政治系，2005。

韩清海：《80 年代台湾经济发展的几个特征》，《台湾研究集刊》1990 年第 1 期。

韩清海：《九十年代台湾经济发展趋势分析》，《台湾研究集刊》1995 年第

3—4 期。

　　胡石青：《台湾经济的困境与荣景》，《两岸关系》2007 年 8 月。

　　黄伟明：《台商赴大陆"环渤海地区"投资之影响因素分析》，硕士学位论文，台湾大学社会科学院国家发展研究所，2010。

　　蒋成：《剖析台湾经济困境与未来发展》，《世界经济研究》2001 年第 6 期。

　　金泓汛：《台湾经济的转型机制》，《台湾研究集刊》1990 年第 2—3 期。

　　简萍：《台湾经济转型与两岸经贸关系》，《开放潮》1995 年第 4 期。

　　李鸿阶：《台湾大陆经贸政策变化与深化两岸经济合作研究》，《台湾研究》2014 年第 4 期。

　　李鸿阶：《台湾大陆经贸政策变化与闽台经济合作路径选择》，《现代台湾研究》2013 年第 2 期。

　　林长华：《论台湾经济结构的变化》，《厦门大学学报（哲学社会科学版）》1993 年第 2 期。

　　林长华：《当前台湾经济形势分析》，《台湾研究集刊》1999 年第 1 期。

　　林长华：《战后美台贸易关系发展趋势分析》，《台湾研究集刊》2001 年第 1 期。

　　林长华：《战后美台投资关系研究》，《厦门大学学报（哲学社会科学版）》2001 年第 3 期。

　　林长华：《21 世纪初台湾经济的衰落》，《亚太经济》2002 年第 1 期。

　　李垂政：《台湾对大陆经贸政策之变迁：演化研究途径》，硕士学位论文，淡江大学公共行政学系，2007。

　　刘国彬、周双庆、李寿双：《东亚经济整合对台湾经济及发展战略的影响》，《广西民族大学学报（哲学社会科学版）》2006 年第 5 期。

　　刘进庆：《从台湾经济观点看两岸经贸交流十年进展与未来前景》，《两岸关系》1998 年第 3 期。

　　刘建兴、孟昭阳：《台湾经济负增长说明了什么？》，《统一论坛》2001 年第 5 期。

　　刘建兴、高立平：《台湾经济不振的原因何在？——析"内忧"与"外患"

之说》，《统一论坛》2006 年第 6 期。

刘婉婕：《由互赖理论探讨台海两岸经贸之发展（1989—2005）》，硕士学位论文，中兴大学国际政治研究所，2006。

李晓莉：《从产业转移看台湾经济发展》，《海峡科技与产业》2003 年第 1 期。

梅传峰、郭少雅：《新时期大陆对台政策的继承和创新——从政策的稳定和变迁解读胡锦涛 12·31 重要讲话》，《现代台湾研究》2009 年第 3 期。

邱丽洪、杨逸昕、闫玄：《"一带一路"建设背景下海峡两岸经贸合作的动力与对策分析》，《长沙大学学报》2017 年第 6 期。

秦华：《十八大对台政策的五大亮点》，《统一论坛》2012 年第 6 期。

齐康玲：《马英九"政府"大陆政策之研究（2008.5—2010.5）》，硕士学位论文，淡江大学大陆研究所，2010。

瞿商、李彩华：《20 世纪 90 年代台湾经济发展和产业升级》，《聊城大学学报（哲学社会科学版）》2003 年第 3 期。

饶志明：《试析台湾经济战略调整及结构变化》，《华侨大学学报（哲学社会科学版）》1997 年第 2 期。

邵宗海：《解析两岸关系演进的现象：从意识对抗到相互竞合 1999—2013》（上），《台海研究》2013 年第 2 期。

邵宗海：《解析两岸关系演进的现象：从意识对抗到相互竞合 1999—2013》（下），《台海研究》2014 年第 1 期。

苏美祥、李晓宇：《2017 年两岸经贸关系发展回顾与展望》，《现代台湾研究》2018 年第 1 期。

孙亚夫：《概论 1987 年至 2012 年两岸关系发展脉络》，《政治学研究》2015 年第 4 期。

石正方：《大陆惠台经贸政策绩效评估》，《两岸关系》2011 年 8 月。

孙德常、牛芳：《试析台湾对大陆的投资政策及我们的对策》，《天津师范大学学报（社会科学版）》1992 年第 4 期。

孙宁华、洪银兴：《新时期的两岸经贸关系：互补性、障碍和机遇》，《南京大学学报（哲学·人文科学·社会科学）》2001 年第 3 期。

沈志贤:《台商赴大陆投资之两岸总体、政治因素探讨》,硕士学位论文,淡江大学财务金融学系,2006。

吴凤娇:《蔡英文当局两岸经贸策略及应对思考》,《现代台湾研究》2017年第6期。

吴凤娇、陈鑫峰:《新形势下两岸经贸关系检视:现况、挑战与展望》,《常州大学学报(社会科学版)》2017年第5期。

吴凤娇:《新形势下大陆惠台经贸政策的成效分析及策略调整》,《现代台湾研究》2016年第1期。

翁成受:《试析台商投资大陆对台湾经济发展的贡献》,《两岸关系》1998年第5期。

王建民:《30年两岸交流与两岸关系发展回望》(上),《统一论坛》2017年第6期。

王建民:《30年两岸交流与两岸关系发展回望》(下),《统一论坛》2018年第1期。

王建民:《2008—2009年海峡两岸经贸关系发展形势分析》,《北京联合大学学报(人文社会科学版)》2009年第2期。

王伟男:《试析影响美国对台决策的若干基本因素》,《台湾研究集刊》2007年第1期。

王韦翔:《台商赴大陆投资策略与绩效关系之研究》,硕士学位论文,中原大学企业管理学系,2007。

吴心伯:《美国对台湾事务的影响:现状与走向》,《现代国际关系》2008年第6期。

吴希玲:《经济全球化下影响两岸经贸发展之政治因素研究》,硕士学位论文,中兴大学国际政治研究所,2006。

许世铨:《两岸关系与大陆对台政策——战略制定与政策选择》,《台海研究》2013年第1期。

修春萍:《台湾经济转型及其未来趋势探析》,《台湾研究》1997年第1期。

信强:《试论美台"自由贸易协定"的动因及可能性》,《台湾研究集刊》

2004 年第 3 期。

冼振熙:《从台湾经济发展面临的问题看海峡两岸的经贸合作》,《中山大学学报（社会科学版）》1994 年第 4 期。

徐艳玲:《海峡两岸经贸发展状况与问题研究》,《商业经济》2008 年第 11 期。

严峻:《改革开放 40 周年两岸关系回顾与展望》,《两岸关系》2018 年第 4 期。

杨开煌:《大陆和平发展政策评估——试析习近平对台重要思想》,《台海研究》2016 年第 6 期。

杨松、杨胜云:《加入 WTO 后两岸经贸发展考察》,《台声》2003 年 4 月。

杨亚非:《台湾对祖国大陆贸易与投资走向分析》,《广西民族学院学报（哲学社会科学版）》2000 年第 6 期。

杨永斌:《冷战后美国在台湾的经济战略利益》,《中国国情国力》2001 年第 1 期。

严正:《近年来台湾经济为什么每况愈下？》,《亚太经济》2001 年第 6 期。

张明、杜妍慧:《新形势下深化两岸经贸合作的路径思考》,《扬州大学学报（人文社会科学版）》2018 年第 2 期。

庄芮、邓寅、林佳欣:《当前亚太区域经济合作与两岸经贸关系的"双轨路径"分析》,《国际贸易》2017 年第 8 期。

中国国际经济交流中心两岸经贸合作研究课题组:《新形势下两岸经贸合作思路研究》,载中国国际经济交流中心编著:《中国经济分析与展望（2016—2017）》,社会科学文献出版社,2017。

朱卫东:《2014 年台湾政局与两岸关系形势评估》,《台海研究》2015 年第 3 期。

张志军:《承前启后、继往开来,推进两岸关系和平发展——纪念〈告台湾同胞书〉发表 35 周年》,《两岸关系》2014 年第 1 期。

张传国:《2000 年以来两岸投资关系的新发展及其效应》,《厦门大学学报（哲学社会科学版）》2004 年第 4 期。

赵宝煦:《台湾问题:影响中美关系的重要因素》,《北京大学学报（哲学社会科学版）》1997 年第 1 期。

朱邦宁:《海峡两岸经贸关系分析》,《北京联合大学学报（人文社会科学版）》2008 年第 4 期。

曾彩娟:《台商与日商投资大陆策略之比较》, 硕士学位论文, 中兴大学国际政治研究所, 2009。

朱磊:《新经济对台美经济关系的影响》,《台湾研究》2001 年第 1 期。

朱磊:《把台湾经济引向何方——评台湾当局现阶段经济发展策略调整》,《两岸关系》2006 年第 4 期。

张德明:《论经济关系在民族国家统一中的作用》,《武汉大学学报（人文科学版）》2007 年第 2 期。

张冠华:《台湾经济的未来与两岸经济关系》,《台湾研究》1997 年第 4 期。

张冠华:《台湾经济恶化状况及成因分析》,《台湾研究》2001 年第 4 期。

张冠华:《台湾经济转型与两岸经贸关系》,《台声》2004 年第 9 期。

张健:《美援与台湾经济发展》,《美国研究》1991 年第 1 期。

张瑞昌:《冷战终结后台湾的亚太战略》, 硕士学位论文, 台湾大学社会科学院政治学系, 2008。

周芯玮:《两岸经济合作架构协议（ECFA）对台湾经济影响初探》, 硕士学位论文, 台湾大学经济学系, 2010。